戦時中の日本

そのとき日本人はどのように暮らしていたのか？

歴史ミステリー研究会編

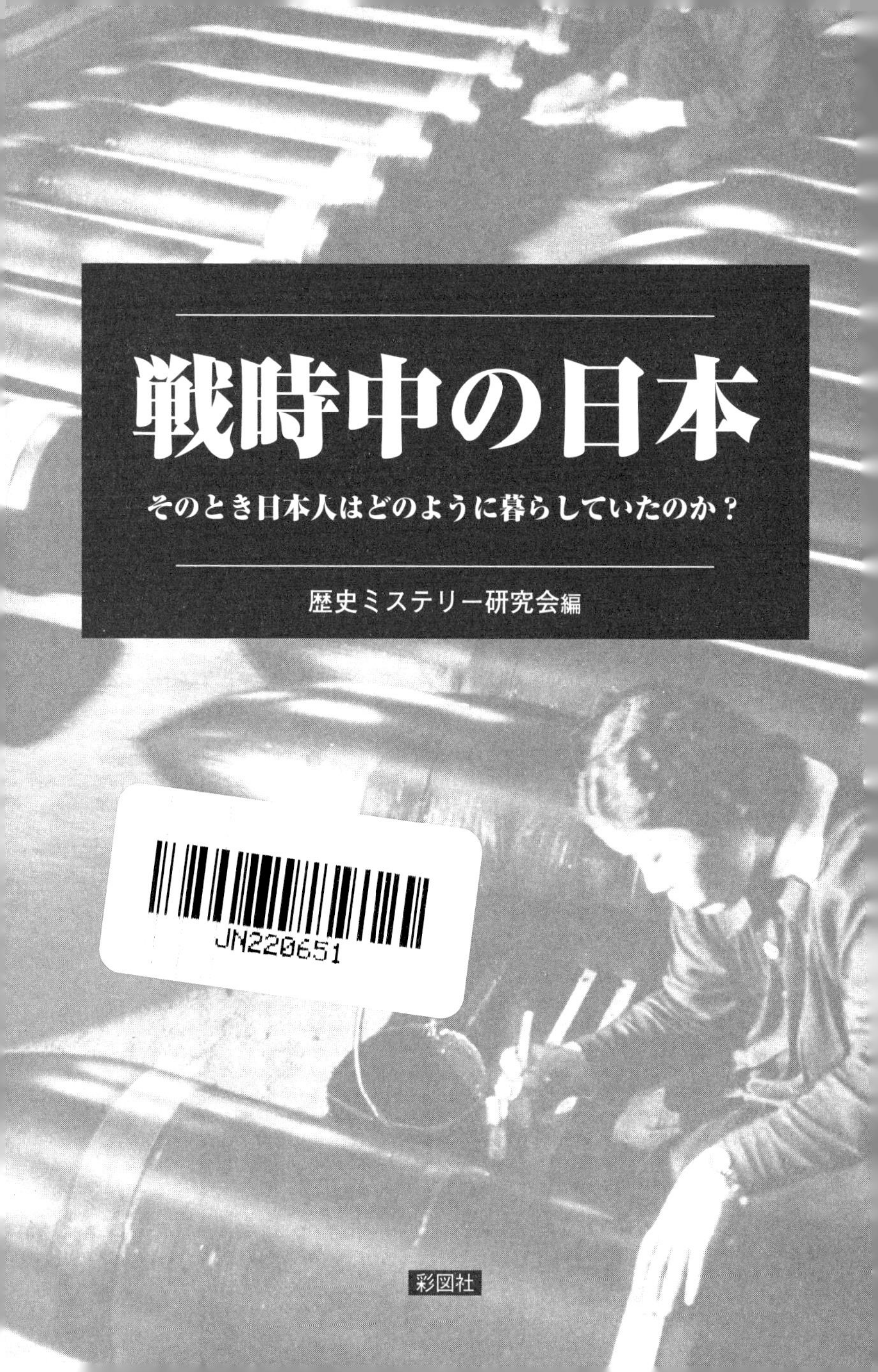

彩図社

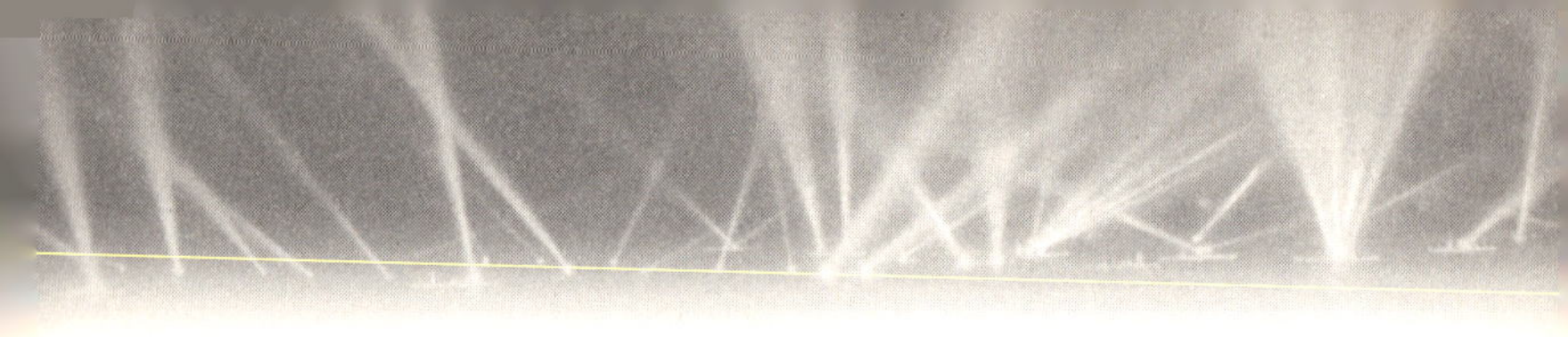

はじめに

戦時中というと、多くの人がひもじい思いをしながら空襲に怯える日を送っていたというイメージを持っているだろう。戦争を体験した祖父母などが身近にいれば、そんな話を聞いたことがある人もいるはずだ。

では実際のところは、どうだったのだろうか。

戦禍《せんか》はたしかに、庶民の日常生活にじわじわと入り込んできた。

モノの生産や売り買いなどの経済は「国家総動員法」によって統制され、やがてすべての国民が国のために戦うことを強いられたのである。

「日本人ならぜいたくは出来ない筈だ！」「欲しがりません勝つまでは」などの戦時標語が至るところに張られ、パーマや化粧が禁止された。

ビールも配給制になり、すべてにおいて**質素倹約**をするように求められた。

街中を走るバスや車は、ガソリンがなくなったために木炭で走るように改造され、動物園にいた動物たちは声なき声をあげながら殺処分されていった。

本土決戦も辞さないという空気が蔓延するなかで、日本のあちこちの風景が一変したのだ。

しかし、そんな食うや食わずの、生きるか死ぬかの瀬戸際でも人々は**娯楽を求めた**。警戒警報が鳴るなか、青空の下で大相撲を楽しんだ人たちがいたかと思うと、戦艦の上では、兵士たちがふんどしひとつで相撲に興じていた。東京大空襲の３日後にはなんと寄席が開かれている。

Ｂ29やグラマン戦闘機が轟音とともに飛び交う空の下でも、人々は束の間の休息と笑顔を取り戻していたのだ。

もちろん、戦争のまっただ中である。窮屈な思いや理不尽な苦労、文字通りの決死の覚悟を強いられることもあっただろう。しかし人々には、現在とそれほど大きく変わらない**「日常」**を少しでも楽しもうという気持ちがあったのだ。

本書では、太平洋戦争開戦前から終戦まで刻一刻と戦況が悪化していくなかでも努めて明るく、懸命に生きた人々の暮らしぶりを追ってみた。当時をたくましく生きた彼らの息吹を感じることができるだろう。

２０１６年11月

歴史ミステリー研究会

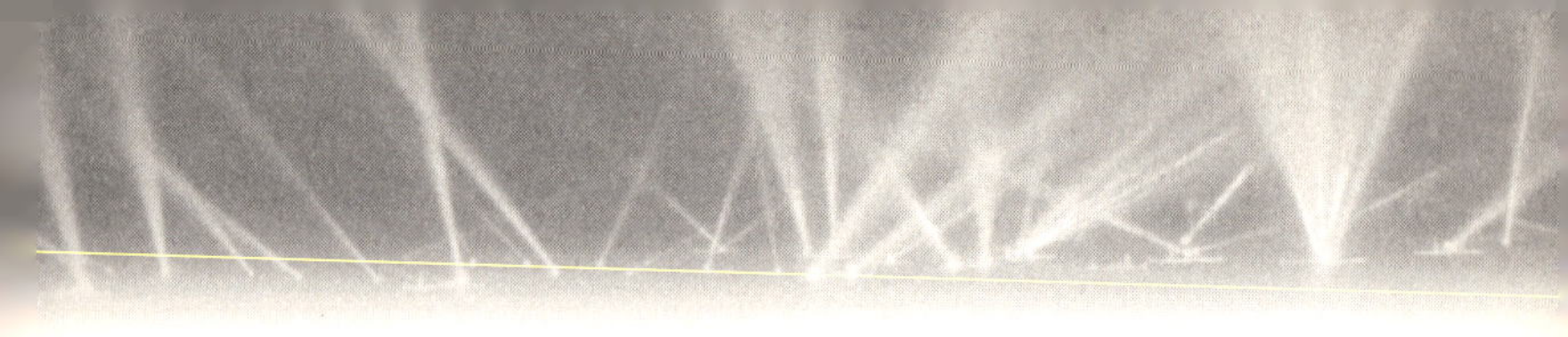

1章 戦時中の日本人の日常

配給の時にだけ出現した「幽霊」たち 18
食べ物の配給にできた長蛇の列／不正受給がはびこる／都市部に多かった「幽霊人口」／もらう方も配る方も不正をした

弁当箱に穴をあけた「日の丸弁当」 22
月に一度の日の丸弁当の日／梅干しの酸でアルミが溶ける

数々の代用品が発明された 24
陶器やサメ革でできた日用品／子供たちによる松根油づくり／食糧も代用品になる

「欲しがりません勝つまでは」の裏事情 28
作者は11歳の少女？／本当の作者は父親だった

敵性語の言葉狩りのオモテとウラ 30
無理矢理な言い換え／日常会話では徹底されなかった／敵性文化も排除された

【戦時中の日本 そのとき日本人はどのように暮らしていたのか？】

もくじ

おしゃれなモンペを追求した女性 34
国が決めた服装は定着しなかった／おしゃれなモンペが登場する／衣服のやりくりもラクではなかった

禁止された化粧とパーマ 38
化粧品が手に入らなくなる／パーマの代わりのお手軽ヘアスタイル

「ぜいたく禁止令」で消えたもの 40
繁華街に監視部隊が出動する／高価な食事が禁止になる／職人たちが転職させられる

お隣さんを扶助・監視する「隣組」 44
生活に大きな影響を与える組織／ルールが厳格になっていく／お互いに監視し合う人々／いばり散らす組長もいた

軍需工場で兵器をつくった女性たち 48
男性に代わる人員として働く／夜勤のためにヒロポンが配られた／何をつくっているのか知らされなかった／給料は男性より低かった

兵役を逃れようとした男性たち 52
20歳以上が検査を受けた／あらゆる方法が考案された

「赤紙」とは限らなかった召集令状 54
物資不足で赤紙がピンク色になった／白紙や青紙もあった／夜でも赤紙は届いた

絶対音感の教育がされた 58
子供たちへの音感教育の始まり／飛行機の音の聞き分けに使われる／ピアノの和音を兵士の教育に使う

戦時中に受験をした子供たち 62
東京に戻ってきた子供たち／試験は口頭質問のみ

2章 戦時中の娯楽

【戦時中の日本 そのとき日本人はどのように暮らしていたのか？】
もくじ

山に押し寄せたハイキング客 66
体を鍛えることが目的のハイキング／戦争中も行楽客は減らなかった

田舎や最前線でも舞台を楽しめた 68
移動演劇団が全国に楽しみを提供する／前線の兵士を癒やした わらわし隊／宝塚も移動演劇に参加した

軍人をネタにしたものまね芸人 72
百面相で人気を得た桂一奴／声帯模写を得意とした古川ロッパ

東京大空襲の3日後に開かれた寄席 74
禁止になった落語の台本は封印された／国策落語が登場する／空襲後の焼け残った演芸場で開催

当時のJポップだった軍歌 78
積極的に軍歌を歌っていた人々／60万枚のヒットになった『露営の歌』／100万枚売れた『愛国行進曲』／少女雑誌から生まれた『同期の桜』

歌でニュースを伝えた「ニュース軍歌」 82
ラジオから流れた宣戦布告の歌／一番人気は英軍に勝利した歌／レコード業界が活気づく

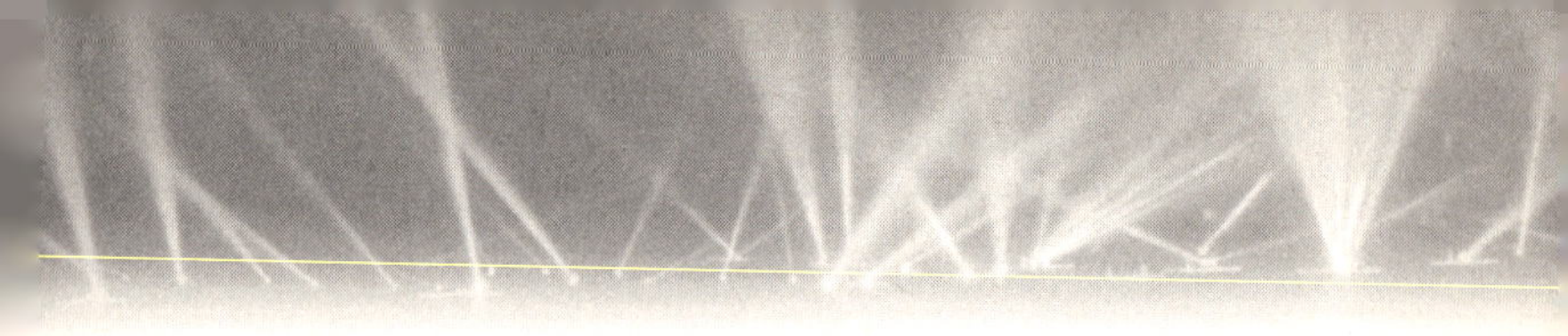

当時の技術を駆使してつくられた映画 86
のちの「特撮の神様」が参加していた／ＧＨＱも本物だと信じた戦闘シーン／実際の映像を使った映画もあった

日本初の長編アニメが公開される 90
真珠湾攻撃を描いた初長編アニメ映画／第２弾はほのぼのタッチ／アニメづくりを心に誓った手塚治虫

終戦の年も行われたプロ野球の試合 94
アメリカから伝わった野球／選手も観客も酒を飲みながらの試合／終戦の年の正月に集まった選手たち／９０００人の観客が集まった

鉄かぶとをかぶって大相撲を楽しむ 98
戦時中も場所は開催されていた／後楽園球場で開催された夏場所／空襲で焼けた国技館で場所を行う

戦艦の上で開催された相撲大会 102
訓練でもあった艦上の相撲／戦争を忘れられる時間

もくじ

兵士たちを癒やすアイドルがいた 104
前線の癒やしだった雑誌や慰問／人気を博した高峰秀子

3章 戦時中の街の風景

街から消えたハチ公像 108
金属として回収されたハチ公と通天閣／一部の鉄道が廃止される

真っ黒な煙をあげて走っていた木炭車 112
ガソリンの禁輸によって生まれた車／改造のための補助金が出た／有毒ガスのせいで死亡者が出る

カフェーやビアホールが閉店する 116
戦前はモダンな店が多かった／かわって登場した国民酒場

屋根の上でつくられていたかぼちゃ 120
土地がないから屋根の上でつくる／甲子園球場もサツマイモ畑になった

食べ物に恵まれていた農村の子供 122
戦争が長引くことで生まれた差／地方の子のほうが発育が良かった

ケシの実を採取していた子供たち 124
アヘンのための臨時休校があった／栽培の場所は荒地や工場用地／苦しみと楽しみの両方があった収穫

街角に貼られたポスター 128
画家が描いたプロパガンダポスター／戦意高揚のためのポスター／広告からうかがえる戦いの気配

街の中に〝スパイ〟がいた 132
どこからともなく特高や憲兵が現れる／市民に恐れられた憲兵／私服を着ていた特高

【戦時中の日本 そのとき日本人はどのように暮らしていたのか？】

もくじ

国に細かくアドバイスされた結婚式 136
国民を増やすためのさまざまな方策／簡素が勧められた結納や結婚式／実際は子供の数は減り気味だった

母子手帳の配布が始まる 140
戦時中も子供は宝だった／妊婦には特別な加配があった

「誉の家」となった戦死者の家 142
戦死者が出たことで〝名誉な家〟になる／実際の生活は窮屈だった／扶助金の受け取りができない空気があった

処分された動物園の動物たち 146
動物園から響く謎のうめき声／代わりに食糧用の家畜が飼育された

空襲されても走り続けた列車 150
戦前は鉄道利用が奨励された／交通手段としての需要は減らない／東京大空襲の翌日も列車は走った

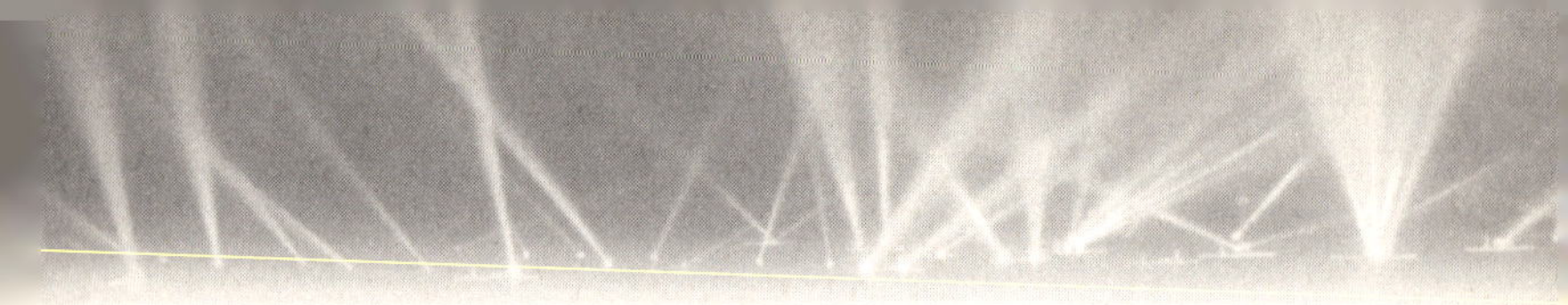

4章　本土決戦の足音

拡大していった徴兵検査の対象　156
招集の上限が40歳から45歳になる／エリートには特権があった／戦況の悪化によって特権が打ち切られる／国内で働くのは女性や子供

軍事教練を受けていた人々の本音　160
学校活動が体の鍛錬中心になる／運動会の競技種目も変わった／「綜合武術格闘術」が考案される

子供の集団疎開で大混乱した人々　164
疎開にはお金が必要だった／厳しい環境に耐えた子供たち／受け入れる側も大変だった

空から降ってきた敵軍のビラ　168
日本人の心を惑わせた紙片／アメリカ軍を信じる人が増えていく／カラーで寿司を印刷したビラ／日本軍も似たビラを作っていた

一家に一つあった防空壕 172
あちこちに防空壕がつくられる／各家庭の手づくり防空壕／防空演習が行われる

建物も「疎開」した 176
60万戸以上の建物が取り壊された／建物疎開中に原爆が落とされる

頭上を普通にB29が飛んでいた 178
日本人を驚かせた巨大なB29／監視の頼りは人の目と耳／日常のひとコマと化す

5章 幻となった戦争の遺物

戦時中限定の百人一首とかるた 184
愛国心を軸に再編集された百人一首／かるたで遊べた期間は短かった／「愛国いろはかるた」もあった

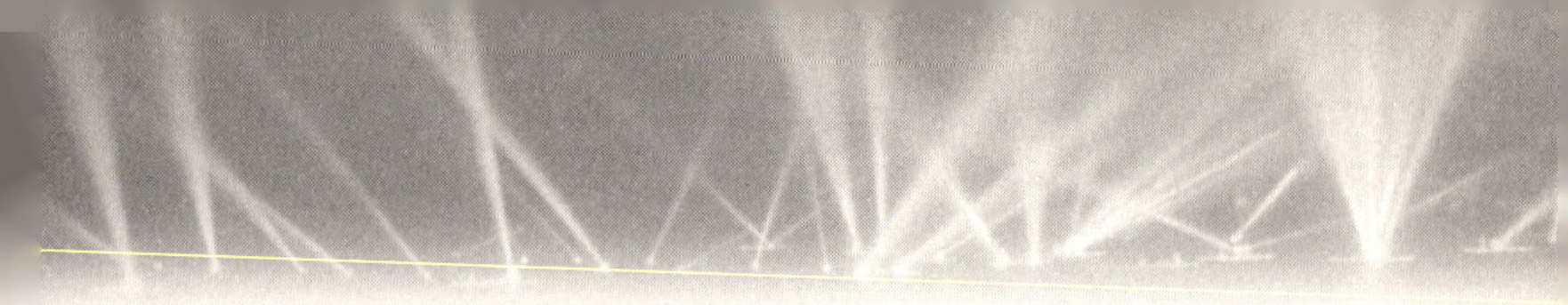

お金で愛国を示した戦時国債 188
戦時国債の購入が奨励される／国民の貯蓄も戦費になっていた／「一日戦死の日」／戦後は紙くず同然になる

軍人になるため必要だった徴兵保険 192
徴兵されるとお金がかかった／約30社が販売していた人気商品／兵士が激増すると保険会社は倒産した

空母になった民間船 196
船の不足を補うため客船を改造する／約２５００隻の民間商船が沈没した

大災害を報道しなかったメディア 198
12月7日に起こった大きな地震／責任者が逮捕されるかもしれない

消えた天気予報 200
天気予報が流れなかった朝／天候は戦略情報だった／気象台勤務者の苦労

わざと間違えて描かれていた地図 204
目的は軍事施設のカモフラージュ／島がまるごと消えたケースもあった／アメリカ軍は正しい地図を持っていた

【戦時中の日本 そのとき日本人はどのように暮らしていたのか？】

もくじ

海外向けの宣伝写真誌があった 208
国内でつくられた海外向けの写真誌／国の威信にかけて豪華につくられた／立派だったが重くて運びづらかった

中止になった東京オリンピック 212
１９４０年の幻のオリンピック／東京開催の決定を喜んだ人々／戦争のため中止になる

海外で日本のために動いた日本人 216
「諜報の神様」と呼ばれた人物／無視された情報／日本に逃れてきたユダヤ人たち

天皇家のための防空壕「御文庫」 220
コンクリート製の防空壕／大きな決断の舞台となる

※本書では、歴史的な記述等に関してはその世界観を損なわないよう、できるだけ当時に使われていた表記や表現、文言などを尊重して掲載しました。

1章 戦時中の日本人の日常

配給の時にだけ出現した「幽霊」たち

食べ物の配給にできた長蛇の列

太平洋戦争真っ只中の日本では、あらゆる資源が不足した。

戦時中、何よりも優先されたのは当然ながら戦争だった。モノとカネの流れは国によって統制され、人々が物品を自由に手に入れることは難しくなっていた。

人間にとって不可欠な食糧についても同様である。全国的に**食糧が不足**するなかで、もっともひもじい思いをしていたのはごく一般の人々だった。

そんななか、導入されたのが**配給制度**である。コメをはじめ、味噌や醤油、砂糖、菓子、酒、そして衣類など、食べ物や生活用品は国が割り当てを決めて国民に配るのだ。

とりわけ、食糧事情は戦争が長引くにつれ深刻化していった。

人々は、配給があると聞けば我先に長蛇の列をつくった。一度もらえる機会を逃すと次に手に入るのがいつになるかわからないため、2時間も3時間も並び続ける。

そんな光景がだんだん当たり前になっていったのである。

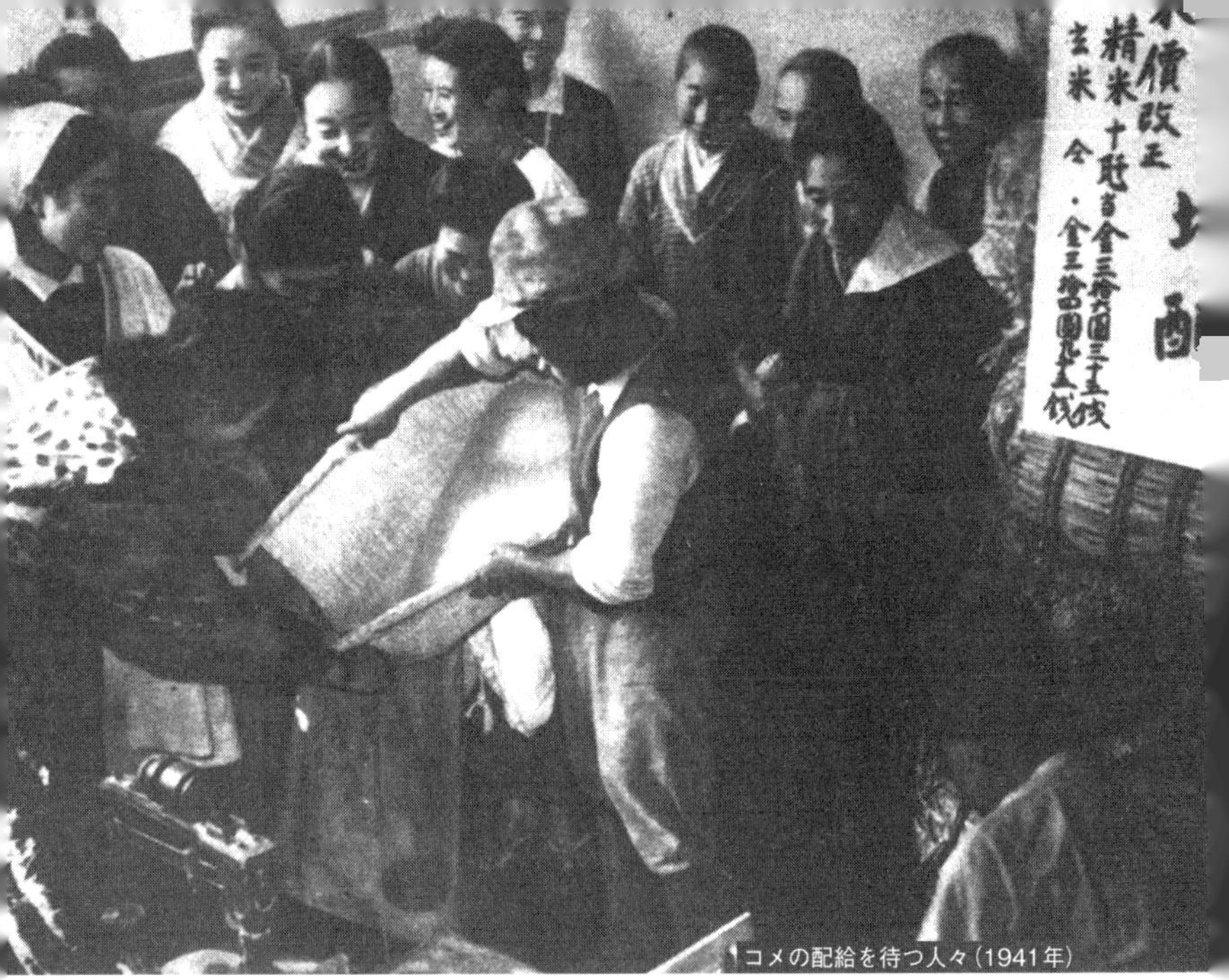

コメの配給を待つ人々（1941年）

不正受給がはびこる

配給の中で何よりも重要だったのは、食生活の根幹ともいうべき**コメ**だろう。

制度が始まった当初、配給量はひとり1日あたり３３０グラムだった。だが、この量は当時の日本人の平均消費量に比べて25パーセントも少なかった。育ちざかりの子供がいる家庭などは、これではとうてい足りない。

しかも、戦況が悪化するにつれ、白米の代わりにトウモロコシやイモが混じるようになったため、人々の不満はつのる一方だった。

このような事情から横行するようになったのが、**配給の不正受給**である。

当時の人々には「米穀配給通帳」が配られ

ており、この通帳を提出して配給を受けることになっていた。

しかしその**通帳を改ざん**したり、家族の人数を増やして申告したり、転出の申告をしないなど、ありとあらゆる手段で実際より多く配給を受けようとする人が続出したのだ。

また、職場で給食があるにもかかわらず、家庭でも配給を受ける**「二重申告」**も多く見られた。

その結果、実際の人口よりも配給を受け取る人口のほうが多くなったのである。

都市部に多かった「幽霊人口」

ただでさえ物資が少ないのに、不正に奪われてしまうとモノ不足がますます悪化してしまう。このいわゆる**「幽霊人口」**は社会問題化した。

不正受給はとくに人口の多い都市で多くみられたという。

しかし、人々にすれば背に腹は代えられない。「欲しがりません勝つまでは」などというスローガンが叫ばれる一方で、人々はあの手この手を使って生き延びるための〝裏ワザ〟を駆使していたのである。

もらう方も配る方も不正をした

幽霊人口問題に対しては、時がたつにつれしだいに**摘発が厳しくなっていった**。

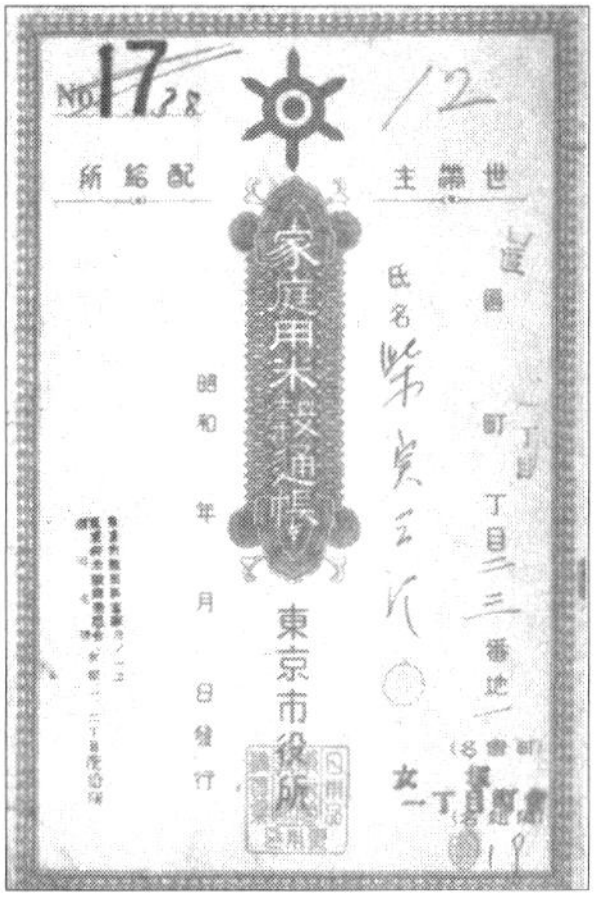

左:配給があったとしても全員の手に渡るとは限らない。野菜の配給は数日に一度、順番制になった。黒板には該当の番号と「続きは3日後」と書いてある。（1942年）
右:家庭用米穀通帳（羽島知之著『資料が語る戦時下の暮らし』より）

一例を挙げると、職場で給食がありながらそれを隠し、さらに不在の息子の分も受給していた工員には、**懲役8カ月**（執行猶予3年）という判決が下されている。

また、不正を行うのは受給する側だけとは限らなかった。配給する側にも規程を守らずに、味噌や醤油を少なめに量って余った分を自分たちで山分けしたり、身内の分を多めに確保したりする者がいたのだ。

そのため、担当者は誠実で信頼感のある人物を抜擢することが求められた。

それでも、配給所では多少の残り物が出ることもある。すると、それを知って物々交換しに来る者もいた。なかには酒の残りを目当てに野菜持参で来る人もいたという。

前線で戦う兵士とはまた別の意味で、人々もまた食糧難と戦っていたのである。

弁当箱に穴をあけた「日の丸弁当」

月に一度の日の丸弁当の日

国が戦争へと突き進むなか、人々の生活からはあらゆるモノが消えていったが、もっともそのあおりを受けたのが食生活だろう。

地方の農家ならいざ知らず、都会では日々の食べ物はわずかな配給頼みで、子供たちに満足な食事を与えることもできない。

そんな時代の象徴ともいえるのが「日の丸弁当」である。

日の丸弁当とは、弁当箱に白米を敷き詰め、真ん中に梅干しを1粒置いただけの質素な弁当のことだ。名前は説明するまでもなく、日本の国旗に似たその見た目に由来している。

安くつくし、梅干しには**抗菌作用**があるから腐敗防止にも一役買ってくれる。他におかずがないから、とにかくご飯をぎっしり詰めるのがささやかなぜいたくだ。

とりわけ、国民の滅私奉公を促す「国民精神総動員運動」の一環として、飲食店などの利用を禁じた月に一度の**「興亜奉公日」**には、大人は一汁一菜、子供には日の丸弁当が奨励された。

育ち盛りに必要な栄養などは二の次で、小

ふたに穴があいた当時の弁当箱（写真提供：昭和館）

中学生はこれを当たり前のように食べていたのである。

梅干しの酸でアルミが溶ける

だが、この日の丸弁当には問題点があった。それは弁当箱に穴があいてしまうことである。

当時の弁当箱はほとんどがアルミ製だったが、**梅干しの酸で溶けて腐食してしまう**ほど質の悪いものだった。そのため何度も使用すると、ふたに穴があいてしまうのである。

食後はふたにお茶を入れて飲むのが当時の習慣だったが、穴があいてはしかたがない。子供たちは指の腹で穴をふさぎながら、必死にお茶をすすっていたのだ。

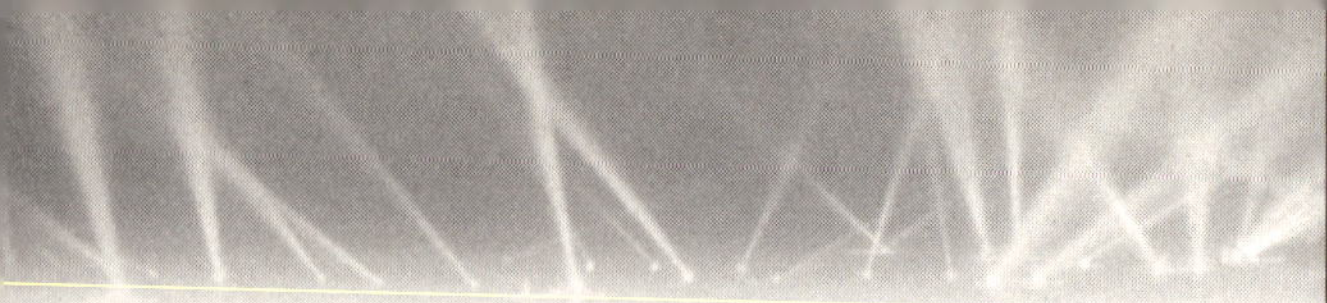

数々の代用品が発明された

陶器やサメ革でできた日用品

戦争が長引いてくると、資源の少ない日本は深刻な物資不足に直面した。

武器や軍靴といった軍事上で必要なものをつくるために金属製品や牛革製品が各家庭から回収されたほか、ゴムやガソリン、軍服をつくるための綿糸などの使用が制限された。

このため、それまで使っていた日用品は次々と世間から姿を消していき、代わりに現れたのがさまざまな**「代用品」**だ。

たとえば、金属の不足をカバーするために急増したのが**陶器製**のものである。

陶器製のフォークやナイフ、栓抜き、学生服のボタン、湯タンポなどが登場し、熱湯を中に入れて服をプレスする陶器製のアイロンまであった。

戦争末期には硬貨まで回収の対象になった。陶器製の貨幣も試作されたが、これは流通しないままで終戦を迎えている。

一方、牛革の代わりになった資材は**サメ皮**や**竹**などで、サメ革の靴や竹製のランドセルがつくられた。

ランドセルの代用品には薄っぺらの紙製の

左:「朝日写真ニュース」（発行日不詳）に掲載された陶器製ポスト

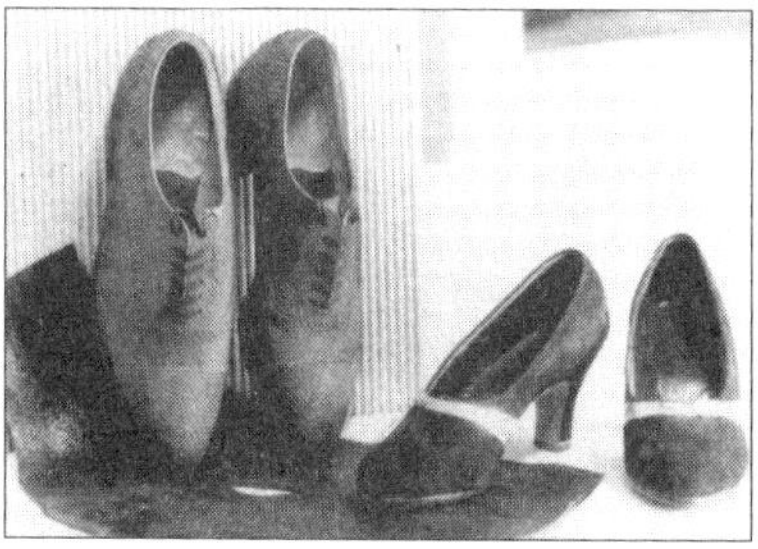

上:サメ革製の紳士靴とイルカ革製の婦人靴（1939年）
右:竹製のランドセル（1938年）

ものもあり、雨に濡れるとすぐに破れてしまったという。

子供たちによる松根油づくり

ガソリンの代用品として利用されたのが**松《しょう》根《こん》油《ゆ》**である。

松根油は、松の根を掘り出して小さく割り、乾溜《かんりゅう》という炭焼きのように過熱する方法で油をつくるものだ。

松を掘り出す作業は膨大な労力が必要だったため、松根油づくりには山間部の子供たちや疎開していた子供たちが駆り出された。

松根油を原料として航空ガソリンを製造する計画まで持ち上がったが、松根油を航空ガソリンにするには更なる工程が必要で、効率が悪いことから実際には利用されなかったようだ。

また、油や苛性ソーダの不足から石鹸も製造が困難になり、洗濯をするときには、灰にした植物を水に浸すと取れる灰汁《あく》という上澄み液を使ったり、米のとぎ汁を使ったりした。

ベントナイトという粘土の一種を混ぜた粗悪な**戦時石鹸**もつくられた。

食糧も代用品になる

食糧は慢性的に不足していて、とくに都市部では子供から大人までが常に空腹を我慢して過ごしていた。

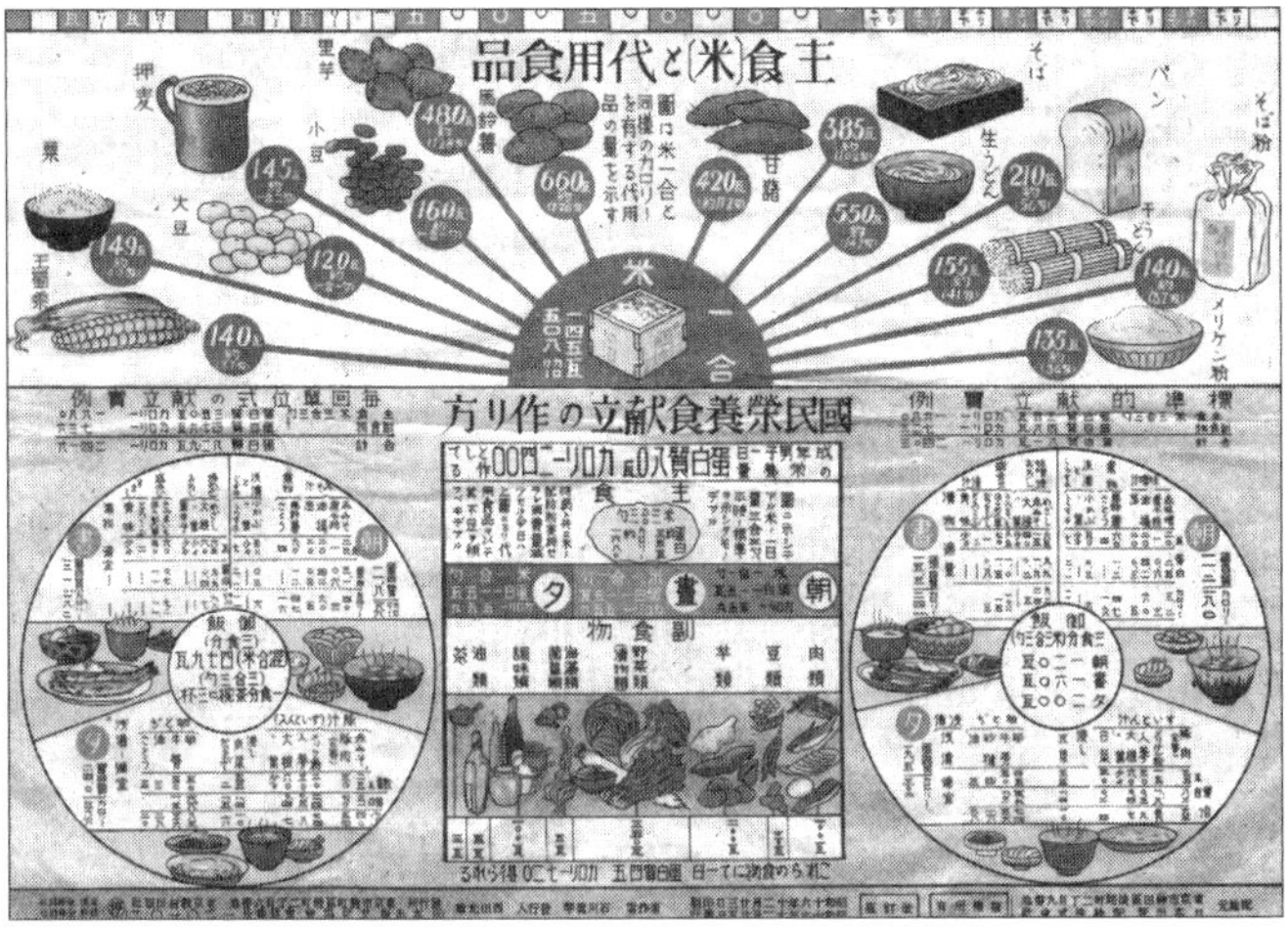

厚生省作の「国民栄養食の作り方」には、米一合分のカロリーが他の食品に換算するとどの程度の分量になるかが描かれていた。（1941年・部分）

米は配給制となり、足りない分を補うためにトウモロコシや麦、サツマイモなどを混ぜた雑穀入りのご飯が当たり前だった。

さらに米が足りなくなってくると、**雑穀入りご飯**から、わずかにご飯粒がついたサツマイモなどへと食事が変わっていった。

ドングリなどの**木の実**も重宝され、農林省は子供向けのポスターまでつくってドングリ拾いを推奨している。

ドングリは粉にしてパンやアメの原料として使われたほか、アルコールや牛の革をなめすタンニンにもなるからだ。

ドングリパンのほかには、稲わらを粉末にして小麦粉を混ぜてつくったパンもあった。

食べられる**野草**や**海藻**もさかんに採集され、野草ばかりの草団子や海藻入りのそばなどの代用食も登場した。

「欲しがりません勝つまでは」の裏事情

作者は11歳の少女？

戦時中にはさまざまなスローガンが誕生したが、代表的なもののひとつとして「欲しがりません勝つまでは」がある。

このスローガンは、大政翼賛会および朝日、読売などの新聞社主催の一般公募で、32万人以上の中から選ばれたもので、作者はなんと**11歳の少女**だった。

ほかにも入選作はあったが、「欲しがりません勝つまでは」はリズミカルで口にしやすい七五調であることに加え、11歳の作品という話題性もあった。

兵隊さんは命を賭けて戦っているのだから、日本が勝利するまではぜいたくをやめて質素倹約を心がけよう——小さな少女でさえそんな気持ちで我慢しているのだという、国威発揚にぴったりの作品だったのである。

本当の作者は父親だった

だが、このスローガンにはちょっとしたエ

大々的に使われた標語だったが、本当の作者は少女ではなかった。

ピソードがある。じつは、**つくったのは11歳の少女ではなく、その父親だった**のだ。

芝居の脚本や漫才の台本を書くのが趣味だった父親は、このフレーズを思いつき娘の名前で応募した。

まさかの当選で親子は青くなったが、本当のことも切り出せなくなってしまった。とくに表彰されたり新聞社の取材を受けるなどして、世間から注目を浴びた娘の重圧は計り知れないものがあっただろう。

だが、そんな困惑をよそにポスターや新聞にはこのスローガンが用いられ、ついには同名の歌まで誕生するフィーバーぶりだった。

ちなみに、この事実が公になったのは戦後のことで、**父の死をきっかけに娘本人が明らかにしている**。今も人々が知る歴史的なスローガンの意外なウラ話といえるだろう。

敵性語の言葉狩りのオモテとウラ

無理矢理な言い換え

戦時中の日本では、現代では考えられないようなことが堂々と行われていた。そのひとつが、**「敵性語」の排除運動**である。

当初は民間から盛り上がり、それを国が利用して最終的には行きすぎともいえるほどのムーブメントに仕立て上げた。

ここでいう敵性語とは、対戦国発祥の外来語のことだ。つまり、日本から英語由来のカタカナ語を締め出そうという風潮が国中に蔓延していったのである。

当時の日本ではすでに多くの外来語が使用されており、ごく自然に日常生活に溶け込んでいた。しかし、それらがすべて敵性語として禁じられるとなると無理が生じてくる。

いくつか例を挙げると、カレーライス＝**「辛味入汁掛飯」**、レコード＝「音盤」、パーマネント＝「電髪」などである。

また、アメリカから伝わり日本でも大人気となった野球の試合では敵性語が連発されるため、これも日本語に置き換えなくてはならない。

「よし1本！　ダメ1本！　正打で1塁安

鉛筆の芯の硬さも日本語の「1硬」「中庸」などになった。
(朝日新聞社『週刊少国民』(1942年6月27日号) より)

全」。これでワンストライク、ワンボール、ヒットで1塁セーフという意味になる。

現代の感覚でみればまるでコントのようだが、もちろん当時は大真面目にやっていたのである。

日常会話では徹底されなかった

だが、こうした風潮が国民にすんなり浸透したわけではなく、あまりにも無理がある言葉の置き換えには戸惑いの声もあった。

その証拠に、**国民の日常会話レベルではそこまで敵性語の排除は徹底されず**、環境や地域によってそれなりに温度差があったのが実情だった。

なかには、戦況が悪化して授業そのものがなくなるまで、堂々と英語教育を行っていた学校もあったという。

敵性文化も排除された

敵性の排除は何も言葉だけに限らなかった。むしろエスカレートしたのは、**「敵性文化」の排除**のほうである。

身近なところでは、敵性の音楽が禁止されている。そのため、ラジオからはジャズやクラシックといった洋楽が消え、もし自宅にこれらのレコードがあれば供出しなくてはならなかった。

では、戦前の洋楽のレコードが絶滅したかというと、そんなことはなく、今もコレクターの間で出回っているくらいだ。

その理由は、この時に供出を惜しんで庭などに埋めて隠した人が多くいたからである。

また、海外製の薬や化粧品なども使用を禁じられ、ショーウィンドーの外国風のマネキンやカフェ文化、カラフルなポスターや看板なども**〝外国かぶれ〟**だと非難された。

ジャズの代わりに軍歌が流れ、町にはポスターの代わりに日の丸が掲げられる。一方で、軍需工場ではスパナやボルトなどはそのままの名で呼ばれ、使用され続けていた。

多くの人々がそんな矛盾に気づきながらも、現状に甘んじるフリをした。

もちろん、こうした敵性語や敵性文化は、終戦とともにほとんどが元に戻ったことはいうまでもないだろう。

上:レコード供出の様子。供出に応じた人もいれば、隠して持ち続けた人もいた。

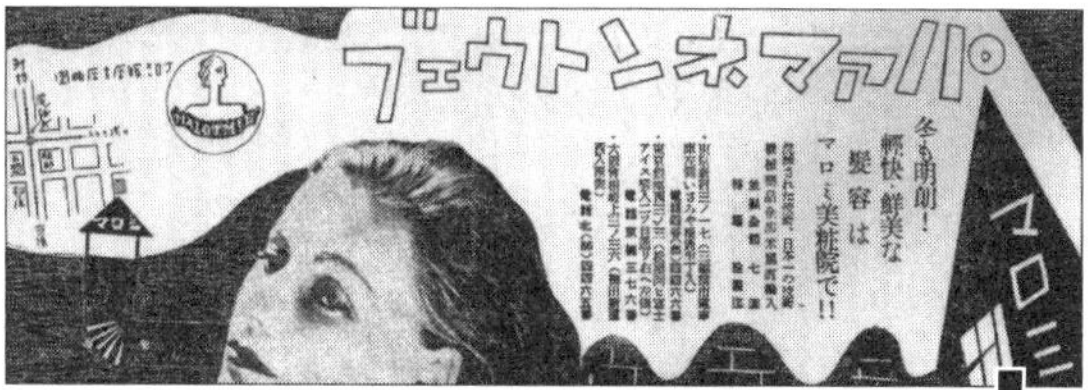

左:講談社が発行していた雑誌『キング』は『富士』と改題された。
上:美容院の週刊誌広告で、上が1937年、下が1940年のもの。「パァマネント」の言葉は「淑髪」となった。
（ともに『週刊朝日』、1937年12月19日号、1940年３月24日号より）

おしゃれなモンペを追求した女性

国が決めた服装は定着しなかった

戦前の日本人は、西洋文化の影響もあっておしゃれに敏感だった。

都会には洋装に身を包み、髪にパーマネントをかけた「モダンガール」と呼ばれる職業婦人が闊歩していた。

それが開戦して軍国主義の色合いが強まると雰囲気は一転し、過度な装いは自粛せざるを得ないムードになっていった。

では、戦時中の人々のファッションはどのようなものだったのだろうか。

当時「大日本帝国国民服令」により、カーキ色に5つボタンという軍服そっくりの**国民服**が法制化された。

これを着なければ非国民扱いとなったため、多くの男性はこれを身につけ、足にはゲートル（細長い布を巻きつけたすね当て）というスタイルが定着した。

一方、女性には**婦人標準服**というものが考案された。前で襟を合わせるタイプで、和装にも洋装にも応用がきき、なおかつ動きやすいよう工夫されていたが、こちらはほとんど普及せず、戦局が悪化した頃にはほとんどの右:婦人標準服。裾がスカートになっている和服風バージョンと、動きやすい活動バージョン。しかしほとんど普及しなかった。（1942年）
下:お座敷用のモンペも登場した。

女性がモンペ姿になった。

おしゃれなモンペが登場する

当時でもモンペはダサくて古いというイメージがあり、女性たちには敬遠されていた。だが、それでも結果的に多くの女性が標準服ではなくモンペを選んだ理由は、その高い機動性にあった。

洋装よりも動きやすく、着物よりも無駄がない。**「動きやすい」**という利点は、あわただしい戦時下においてはかなり重要だったのだ。

そして、そのうちスカートのようにプリーツを入れて、少しでもシルエットを優雅に見せるなど、ちょっとしたお出かけにも履ける**おしゃれなモンペ**も登場するようになったのである。

衣服のやりくりもラクではなかった

ところで当時、衣料品の購入には**「衣料切符」**が必要だった。これは国から交付されたもので、原則として1人1枚で、「甲」と「乙」の2種類があった。

総点数が100点の「乙」は大きな市および東京・名古屋・神戸・大阪・横浜の隣接町村に支給され、総点数80点の「甲」はその他の地域の住民に支給された。

点数は、衣類の種類に関わるものだ。たとえば背広1組は50点、女性のワンピースは15

衣料切符はすべて使わず余らせて国へ返すことがよしとされたため、所轄の商工省には大量の切符が返還された。

点、割烹着は8点と定められており、それにしたがって人々は切符を使用するのだ。

さらしや手ぬぐい、足袋《たび》などもこれを使って手に入れるが、効率的に使わなくては後が苦しくなる。

同じ世帯に住む家族の間では切符の合算ができたため、一家の主婦はさぞやりくりに頭を悩ませたことだろう。

ただ、これがあればタダでもらえるというわけではなく現金も必要だったが、逆に**現金があっても切符がなければ売ってもらえない**。

さらに、紛失すればその年は再交付もかなわないとくれば、この切符がいかに重要だったかがわかるだろう。

しかし戦況が悪化するにつれ、衣料品がなくなったため、切符そのものが意味をなさなくなってしまったのだった。

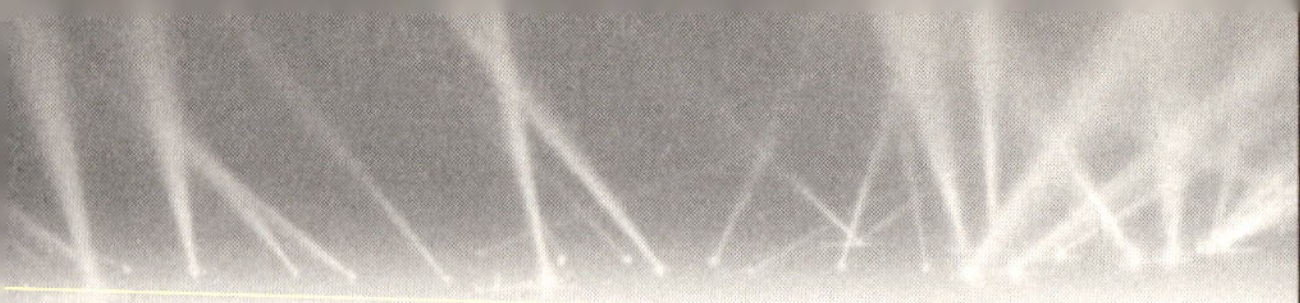

禁止された化粧とパーマ

化粧品が手に入らなくなる

戦況の悪化につれて庶民の日々の暮らしはどんどん窮屈になっていったが、そんな不自由な状況でも「できる限りおめかししたい」と思うのが女性である。

ところが、そんな女性たちのささやかな楽しみをも奪う通達を国が出したことがあった。それが**化粧禁止**である。

まず、女性たちの間で愛用されていた輸入化粧品がぜいたく品として規制された。

また、ほどなくして文部省がおしろいや口紅、頬紅などの使用そのものを禁止し、しだいに化粧品も入手しづらくなっていったのである。

パーマの代わりのお手軽ヘアスタイル

さらに、ヘアスタイルに関する規制も強くなり、「過度なおしゃれはぜいたく」という理由で**パーマが禁止された**。

戦前に「モダンガール」と呼ばれる洋風の

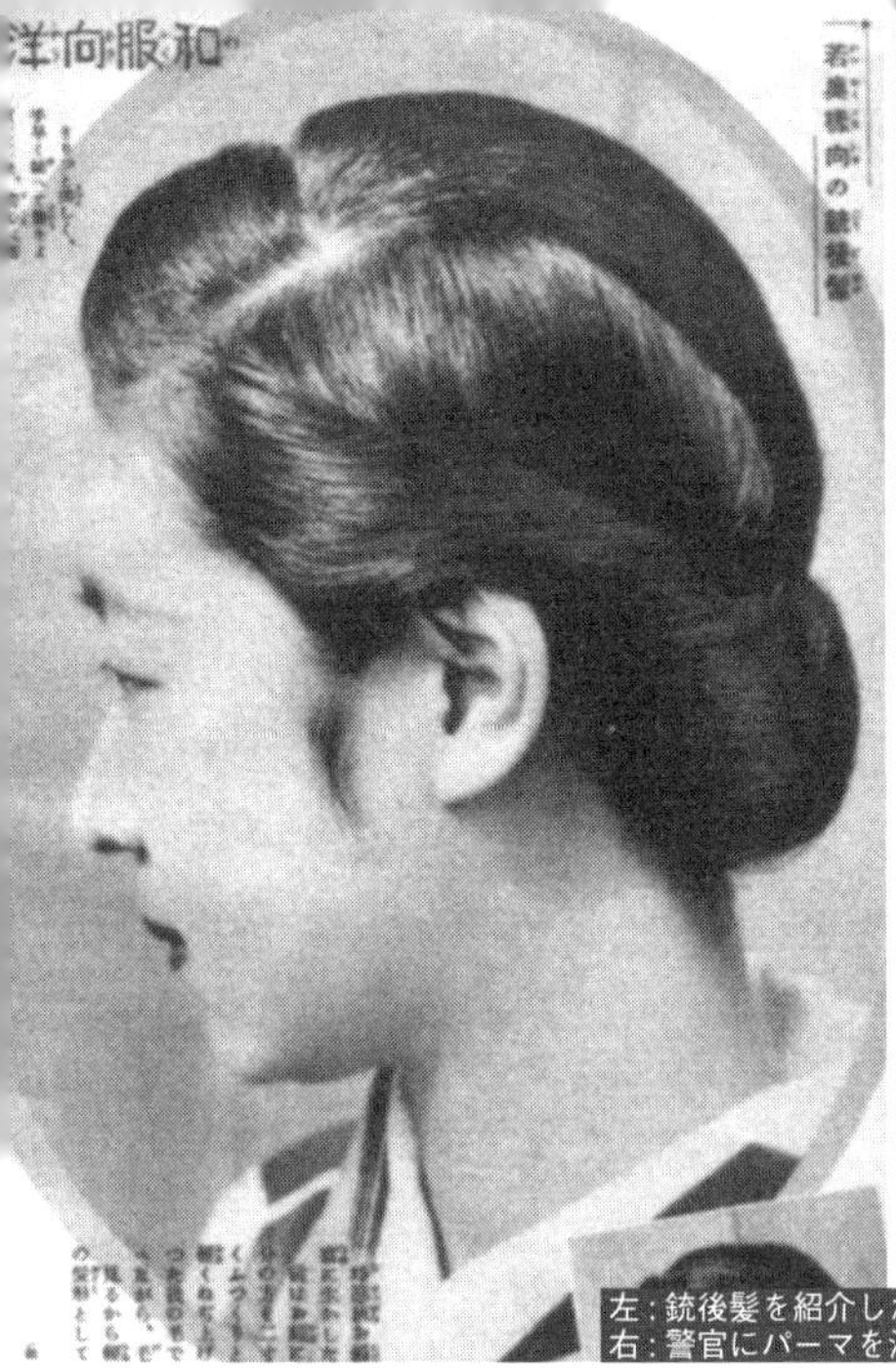

左：銃後髪を紹介した雑誌『主婦の友』（1938年6月号）の誌面
右：警官にパーマを注意される女性（1939年）

ファッションが流行したこともあり、当時の女性たちの間でパーマをかけたヘアスタイルは人気があった。

そのため、お達しがあっても美容院はそのままパーマの営業を続けていたが、そのうち節電を理由にドライヤーの使用までもが禁止されたことにより、取り扱いを中止せざるを得なくなった。

しかし、派手なパーマがダメならとばかりに今度は**「銃《じゅう》後《ご》髷《はつ》」**というヘアスタイルが流行した。

こてもドライヤーも使わない簡単なまとめ髪だが、3分ほどで結える手軽さもあって戦時中の定番になったのである。

質素ではあったが、女性たちは規制だらけの状況にあってもけっして装うことを諦めなかったのだ。

「ぜいたく禁止令」で消えたもの

繁華街に監視部隊が出動する

多くの男性が戦場へ赴き、ラジオから戦況を伝えるニュースが流れはじめると世の中は戦争一色になった。

この時代、声高に叫ばれていたのが**「ぜいたくは敵だ」**というフレーズである。

これは「日本が生きるか死ぬかの戦いを敵としている今、少しでも節約して、お国のために奉仕せよ」という意味だが、単なる精神論にとどまらず、国は**具体的な取り締まり**にも動いた。

開戦してまもなく、まず国民精神総動員本部が「ぜいたく品は敵だ」と書いた立て看板を東京市内に設置した。その数はじつに1500枚にものぼった。

さらには、**監視部隊**が銀座、上野、浅草などの繁華街に出動する。

「喫茶店は目に余る混雑だし、デパートには購買客が殺到。由々しき事態が多数発生しており、部隊の面々は大いに嘆いた」

こう書かれた当時の新聞からは、使命感に燃える監視部隊と、まだ事態の深刻さに気づかず、いつもの日常を過ごす人々の様子がう

軍需省によるダイヤモンドの買い上げの様子。その場で鑑定され、即代金が支払われた。(1944年)

かがえるのである。

高価な食事が禁止になる

1940（昭和15）年に制定されたのが「奢侈《しゃし》品等製造販売制限規則」、通称「七・七ぜいたく禁止令」だ。

簡単にいえば、**高価なものの販売や製造を禁止する**というもので、宝石、絹レース、銀製品、象牙などを筆頭に、高額な織物や高級布団なども含まれた。

また、35円以上の靴や10円以上のワイシャツ、イチゴやメロンといった高価なフルーツを禁じるなど、その対象は日用品にまで及んだ。

さらに、食堂では昼は2円50銭、夜は5円が上限とされ、1円を超える一品料理と米食、そして昼のアルコール類についても提供が禁止された。ちなみに、当時の大卒銀行員の初任給は70円である。

人々の暮らしが制限され、日に日に息苦しさを増していったのは、まさにこの頃だったといえるだろう。

職人たちが転職させられる

この「ぜいたく禁止令」のあおりをもろに受けたのが商売人たちで、その陰には織物や彫金、焼き物など、いわゆる伝統工芸の分野で職人として働いていた人々の存在もあった。

職人たちは**代用品での生産**に努め、また国も「工芸技術保存資格者」のみ、その伝統と技術の維持のために特別に製造と営業を許可したりもした。

それでも、やはり業界全体の仕事量は減る一方で、そのため**転職を余儀なくされた職人が大勢いた**のもまた事実だ。

また、一般庶民にもこの禁止令に反発する人はちらほらいた。路上で監視隊にアクセサリーや派手な洋服の着用をとがめられても、**「この服装のどこが悪いんですか」**と堂々と刃向かったり、「この指輪なんか安物ですよ」と言い抜ける人もいた。

だが、こうしたたくましい庶民の姿もほどなくして消え去った。国は国民の自主性にまかせた質素倹約運動をあきらめ、すべてを配給制に切り替えたのである。

左:婦人団体が組織した「忠告隊」が街頭でビラを配る様子。ビラには「ぜいたくな服装はつつしみましょう」などと書かれている。(1940年)
上:学生服の金ボタンは献納され、かわりに陶製のボタンとなった。(1943年)

運動靴がぜいたく品になったため、はだしで通学する子供たちもいた。(1942年)

お隣さんを扶助・監視する「隣組」

生活に大きな影響を与える組織

「とんとんとんからりと隣組　格子を開ければ顔なじみ」

戦時中、あちこちで口ずさまれたこの歌に登場する「隣組」は、当時の庶民の様子がうかがえる言葉のひとつだ。

隣組とは町内会の下部組織にあたり、今でいう自治会の「班」のようなもので、国家総動員法とともに制度化された。

1組はだいたい**5～10世帯**で構成され、その中から組長が選ばれる。

そして、定期的に**「常会」**と呼ばれる会合を開く義務があった。

現在の町内会にもメリットやトラブルなどはいろいろあるだろうが、当時の庶民にとってこの隣組というコミュニティは、それ以上に大きな意味を持っていたのである。

ルールが厳格になっていく

常会は細分化されており、婦人常会や青年

子だくさんな人たちのための「子宝隣組」もあった。(1942年)

常会、さらには子供常会まであった。

男性の多くは戦場に出ていたため、組織を支えていたのはもっぱら主婦や退役軍人などである。

常会では役所の指示の確認のほか、出征軍人の見送りや物資の配給切符の分配、資源の回収、そしてバケツリレーによる防災訓練なども行われた。

戦時下とあってしきたりの簡素化も推進され、隣組の中で葬儀があれば通夜見舞いや香典返しなどを廃止したりもした。

また、飲酒はぜいたくだと禁酒を取り決めて実行した隣組もあるなど、**ルールづくりはしだいに厳格化していった。**

つまり、隣組とはなごやかに助け合うご近所の組合というよりは、**思想統制をはかるために設けられた国の末端組織**という位置づけだったのだ。

お互いに監視し合う人々

隣組の中では余り物の分け合いや、調味料の貸し借りなどは日常的な風景だった。

だが、そこにはヒリヒリとした監視の目もあり気が抜けない。隣組は支え合うための組織であると同時に、**相互監視の役割**も果たしていたのだ。

たとえば、当時は軍事のために、家庭にある金属製品や余分な鍋や釜を供出しなくてはならなかったが、回収時に量が少ないと「まだ出せるものがあるだろう」などと家の中をのぞかれたり、身につけている結婚指輪を奪われたりした。

たまたま大きな声で笑えば、近所から「このご時世に笑うなんて不謹慎だ」と怒鳴り込まれる。そのため、ひとたび組長に目をつけられれば、配給を減らされるなどの**嫌がらせ**を受けたり、場合によっては憲兵に密告されたりもした。

そうなれば、その一家はまるで非国民かのような扱いを受け、隣組内で**村八分状態**になり、肩身の狭い思いをしながら生活しなくてはならなかったのだ。

いばり散らす組長もいた

組長は輪番制だったが、**配給や思想統制な**

初期の常会はこのように風呂場で行われることもあったようだ。（1940年）

どの特権があったため、とりわけ軍国主義に凝り固まった人が組長になるとトラブルになりやすかった。少しでも戦争や国に対して否定的なことを言えば、危険分子とみなして圧力をかけたりしたのだ。

もちろん、なかにはみずから率先してメンバーを防空壕へ誘導したり、物資の不足分の補充に奔走するような使命感にあふれた組長もいた。

だが、それまで温厚な性格だったのに組長になったら急に高圧的になっていばり散らすなど、戦争でガラリと人柄が変わった人もいたという。

戦後GHQは、戦争を推進した一因であるとして隣組制度を廃止した。それとともに、住民の間に漂っていた妙な緊張感も消えたのである。

軍需工場で兵器をつくった女性たち

男性に代わる人員として働く

昭和初期頃の嫁入り前の娘といえば、花嫁修業をするのがふつうだった。

だが、日本が戦争へと深入りしていった時代、独身女性の多くは**軍需工場**へと動員されていた。

若く働き盛りの男性がことごとく戦場へ送られたため、国内は生産業や製造業の現場を中心に圧倒的な人員不足に陥っていた。そのため、若い女性もまた国のために奉仕することを求められたのだ。

とくに男子のいなかった家庭は、国の役に立っていないという世間からの目が厳しかったため、積極的に娘たちを差し出さねばならない空気があった。

こうした女性は**「女子挺身《ていしん》隊」**と呼ばれ、各地の工場に配属された。

挺身とは「みずからの身を投げ打ってでも、国のために物事を行う」といった意味の言葉である。

そして、彼女らはそれぞれの配属先で、本来なら男性がやるような仕事を請け負うことになったのである。

戦闘機をつくっていた中島飛行機の工場内で溶接をする女性(1942年)

夜勤のためにヒロポンが配られた

女性たちは全国各地から動員され、その中には学生も多くいた。

配属先は国によって決められ、機械や製図、塗装といった専門的な作業のほか、事務やタイピストなどの職種もあった。

休日は月に2回、1日8時間勤務の3交代制が基本だった。

なかでも過酷なのはやはり製造業の現場で、夜勤のある女性たちには覚せい剤の一種である**ヒロポンも配られた**。

ヒロポンの使用は戦後になって違法になるのだが、それまでは一般的に出回っており、眠気防止や生産性の向上などの名目で、工場などの作業現場で与えられることは珍しくなかったのだ。

何をつくっているのか知らされなかった

ある女性の配属先は、大阪府にある爆弾工場だった。

そこで扱われている爆弾は複数あり、液状になった高温の薬品を爆弾の中に流し込む作業や、筒状の火薬を巻きつける作業など、職種も多岐にわたった。

彼女は1日2交代制で夜勤もこなしながらひたすらつくり続けたが、その**環境は劣悪きわまりなかった**。

作業部屋は火薬の粉じんが立ち込め、窓を開けてもマスクをつけても鼻水とせきが止まらなかったという。

また、別の工場では、板金工がジュラルミンを裁断機で切り、やすりで面取りをして電気ドリルで穴を開ける。

次に仕上げ工がボルトやナットの穴を調整して磨き、そして検査工が材料の硬度や寸法を測ったり検査したりする――。

この精密作業でつくられていたのは、じつは戦闘機の**「紫電改《しでんかい》」**だった。

だが、現場で働く女性たちはそれを知らされておらず、ただ作業内容を外部に漏らすことだけは禁じられていた。

ほかにも溶接や石炭運び、レンガ造り、飛行機の組み立てなど、現代であれば男性がやるような力仕事も女性たちがこなしていた。

しかも、寮のふとんはシラミやノミだらけ

坑内で作業をする女子挺身隊（1943年）

だったという。

給料は男性より低かった

このような過酷な環境の中で働いていた女性たちだったが、賃金の面ではまだまだ男女差別が激しく、**どれだけ働いても給料は男性よりも低かった**。

とはいえ、そうした不満を口にすることは許されない。彼女たちはただ黙々と働くしかなかったのだ。

戦争末期には女学生から未亡人までみんな駆り出されたのである。

戦争中は男も女もなく、国民はみな**〝国家のための労働者〟**だったのだ。

兵役を逃れようとした男性たち

20歳以上が検査を受けた

戦地へおもむくことに心底喜びを感じるはずもないが、赤紙が届けば従うしかなかったのが戦時下の日本だった。

だが、なかにはどうにかして兵役を逃れようとあがいた男性たちもいた。

そもそも徴兵は、まず役場が20歳以上の若者の名簿を軍に提出する。それを受けた軍によって**徴兵検査**が行われ、健康の度合いや適性によって甲・乙・丙などにランクづけされる。

あとは戦況に応じて、ランダムに赤紙が送られてくるというしくみだった。

あらゆる方法が考案された

兵役を逃れようとするなら、まずは徴兵検査で不合格になるのが手っ取り早い。

醤油を一気飲みして一時的に血圧を上昇させたという話もあるが、ほかにも肛門に漆《うるし》を塗って異常を装ったり、耳に生卵を入れて中耳炎を発症させたりと、さまざまな手段を試

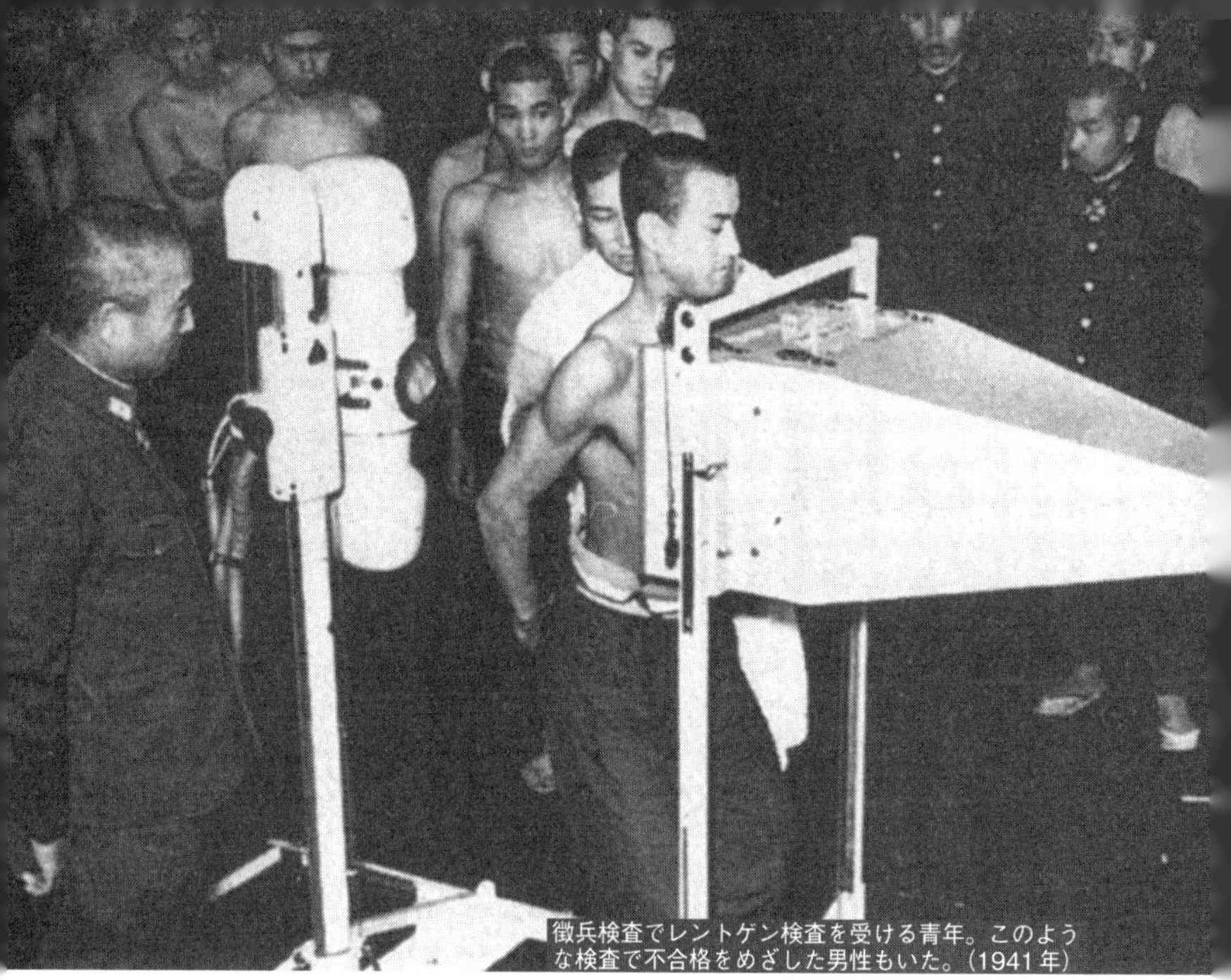
徴兵検査でレントゲン検査を受ける青年。このような検査で不合格をめざした男性もいた。（1941年）

みる者がいた。

また、**行方をくらます**のもシンプルな方法だが、これは残された家族が世間から白い眼で見られて針のむしろになることを意味するため、実行するのは難しかった。

俳優の故・三國連太郎氏は、どうしても人を殺すことに抵抗があり、家出して朝鮮半島から中国大陸に渡って、駅弁売りなどをしながら身を潜めていたという（のちに出兵）。

さらに、戦争の後半には学徒出陣で学生も徴兵されたが、理系の学生は徴兵の延期が認められたため、理系を志す若者が急激に増えたりもした。

赤紙が届いてから逃げ切ったという人の例はほとんどない。たいていはほどなく逮捕され処罰を受けたため、彼らは**赤紙が届かないような工夫**をしたのだ。

「赤紙」とは限らなかった召集令状

物資不足で赤紙がピンク色になった

日本は太平洋戦争以前にも日露戦争や日中戦争を経験しているが、その経験で得た教訓が**兵士を確保することの重要性**だった。

大国を相手に戦うのであれば、常に前線に兵士を補充しなくては勝てない。だが、常時それだけの数を軍で抱えておくには財政が追いつかなかった。

そこで、戦争が勃発した時だけ臨時の兵を召集するという策に出たのだが、庶民にとってそれはただの恐怖に過ぎなかった。

ごく平凡で穏やかな暮らしが、たった1枚の紙で一変してしまう。その1枚こそが召集令状、いわゆる**「赤紙」**だったのである。

赤紙は半紙のような薄い紙でできており、陸軍と海軍がそれぞれ発行する。

表には「臨時召集令状」と大きな文字で書かれ、召集される者の住所と氏名、召集される部隊（配属先）、さらに召集日時が記載されている。

そして裏面には、「理由なく召集を拒否した場合は罰金刑もしくは拘留」といった注意事項も書かれていた。

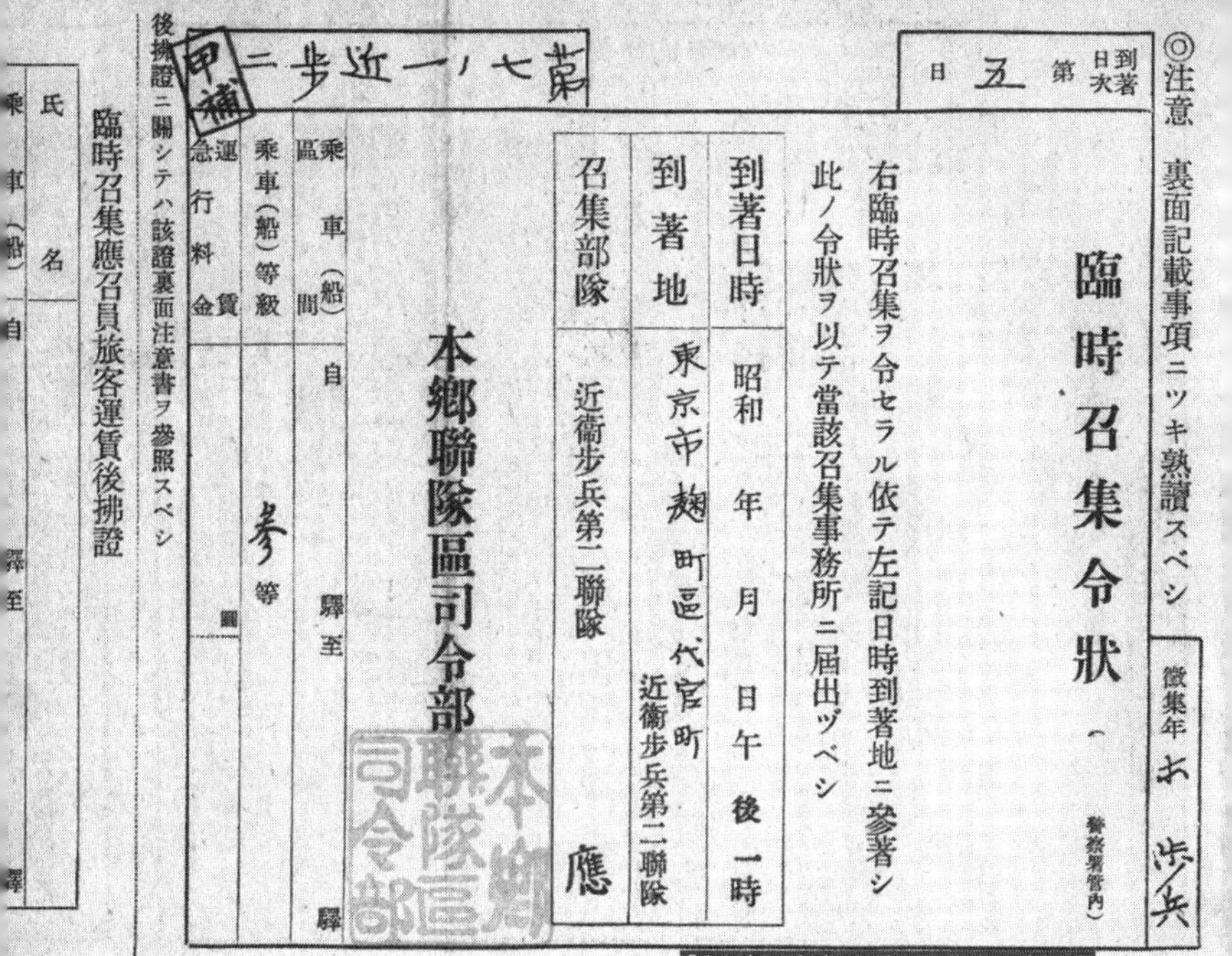
◎注意　裏面記載事項ニツキ熟讀スベシ

到著日次　第　五　日

萬七ノ一近歩二　甲補

徴集年　ホ　歩兵

臨時召集令狀
（　警察署管内）

右臨時召集ヲ令セラル依テ左記日時到著地ニ參著シ
此ノ令狀ヲ以テ當該召集事務所ニ屆出ヅベシ

到著日時	昭和　年　月　日午後一時
到著地	東京市麹町區代官町　近衛歩兵第二聯隊
召集部隊	近衛歩兵第二聯隊　應

本郷聯隊區司令部

乘車（船）區間	自　驛至　驛
乘車（船）等級	參　等
運賃 急行料金	圓

後拂證ニ關シテハ該證裏面注意書ヲ參照スベシ

臨時召集應召員旅客運賃後拂證

氏名	
乘車（船）區間	自　驛至　驛

「赤紙」と呼ばれた臨時召集令状（複製）

開戦当初こそ赤紙と呼んでもおかしくない紙の色だったが、戦況が進むにつれて物資が不足してくるとインクも足りなくなり、**どんどん薄いピンク色になった**という。

白紙や青紙もあった

ところで、召集令状には赤紙だけでなく、他の色も存在したことをご存じだろうか。

まず**「白紙」**だが、これは徴用令状で、戦争には行かないが軍需工場での勤務などのために国に召集されることを意味していた。

戦場には出ないから安心できるかといえば必ずしもそうではなく、その過酷な労働条件から赤紙と同じくらい恐れられたともいわれ

ている。
また、後発で登場したのが**「青紙」**で、これは同じく工場や企業への就職命令なのだが、すでに退職した人などが職業指導などで配属されることを意味している。
ざっくり分ければ、赤紙は働き盛りの男性や若い男性、白紙は兵士としては選ばれなかった農家や商家の男性、そして青紙はリタイアした年配者やその他の事情で残った男性にそれぞれ送られたということだ。

夜でも赤紙は届いた

ちなみに、赤紙が届くのは昼間とは限らない。赤紙は役場の職員が各家庭に持っていくのが通例だったが、軍から夜中の3時に役場に召集令状が届けば、職員はすぐさま召集される人の家へ向かわねばならない。そのため、夜も明けきらないうちからこの一連の〝儀式〟が行われることも珍しくなかった。

さらに、一度赤紙が届いたからといって、それで終わりというわけでもなかった。たとえば、赤紙が届いて出征し、**運よく復員できた人にまたすぐ赤紙が届き、今度は別の場所へ行かされる**ということも頻繁にあったのだ。

そのたびに主人や息子を送り出さなくてはならない家族にとって、赤紙はただの「悲しい知らせ」でしかなかったのだろう。

当時は赤紙＝戦死を意味したとあって、渡す職員も複雑な気持ちになる。そのため、赤紙の受け渡しの場がなんともいえない空気に包まれるのがお決まりだったのだ。

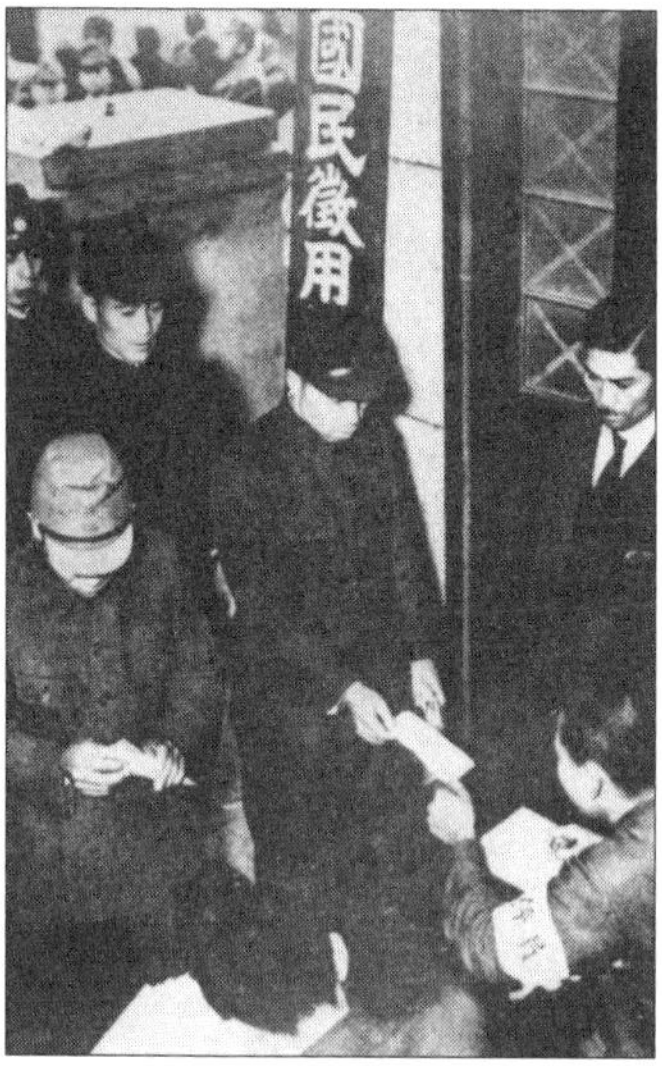

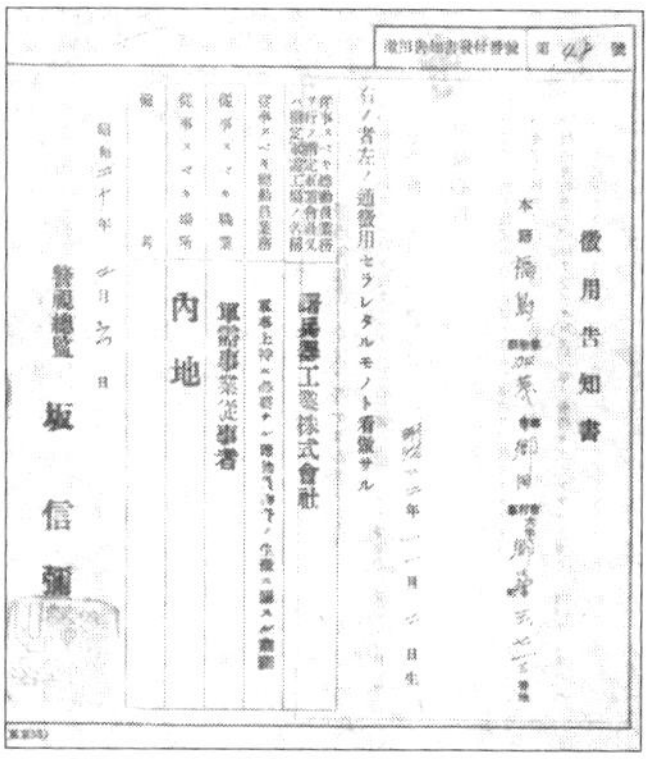
徵用告知書

右ノ者左ノ通徵用セラレタルモノト看做サル

工業株式會社

軍需事業從事者

內地

左:「白紙」によって軍需工場への動員を命じられる人々。(1942年)
上:「白紙令状」と呼ばれた雇用告知書。拒否すると懲役や罰金が科された。

召集令状が届くと、家族や近所の人々などと一緒に記念写真を撮ることも多かった。その際には出征を祝うのぼりが数多くたてられた。(1942年)

絶対音感の教育がされた

子供たちへの音感教育の始まり

戦前から戦時中の子供は、6歳になると尋常小学校に通って国語や算術、唱歌、体操などを学んだ。

その尋常小学校が「国民学校」に名前が改められたのは、1941（昭和16）年3月のことだった。

変わったのは名称だけではなかった。教科も国民科、理数科、体錬科、芸能科の4教科になった。

そんな戦時体制の学校で、ある意外とも思える科目を学ぶことが推奨されていた。それは芸能科の中の科目のひとつである**音楽**だ。

といっても、楽器を演奏したり、作品を鑑賞したりするのが目的ではなかった。

おもな目的は音感教育だった。子供たちに**絶対音感**を身につけさせようとしたのだ。

子供への音感教育の必要性を提唱したのは、昭和初期にフランスに留学したピアニストの**園田清秀**だった。

園田はフランスでヨーロッパ人の音感のよさに驚き、さらには自分よりもピアノを上手に弾く子供がいくらでもいることにショック

当時大ヒットした「愛国行進曲」をそろって歌う子供たち

を受けたという。

そして、日本人も幼いうちから**音感教育**を行うべきだと確信し、帰国するとその実践に取り組んで注目を集めた。

絶対音感の早期教育の研究成果は1935（昭和10）年に発表され、新聞でも大きく報道された。だが、園田はその直後に32歳の若さでガンで他界してしまう。

その後、絶対音感早期教育は、園田の師である笈田《おいだ》光吉に引き継がれていった。

飛行機の音の聞き分けに使われる

ところが、この絶対音感教育は、戦争によって当初とは別の目的で学習されるようになっていく。

国民学校令施行規則第14条に**「鋭敏ナル聴覚ノ育成ニカ《リキ》ムベシ」**とあるのだが、絶対音感教育はこのために取り入れられた。

つまり、国防上必要な能力として、**敵の飛行機や潜水艦のエンジン音**などを聞き分けられるようになるために利用されたのである。

ピアノの和音を兵士の教育に使う

国民学校の発足と同時に絶対音感教育は始まった。その方法は、先生がオルガンで弾いた和音を聴き取る**和音の調音練習**だった。

オルガンの調律がどこまで正確だったかはわからないので、どれだけ絶対音感の育成に役立ったかは知るよしもないが、ともかく文部省は「鋭敏ナル聴覚ノ育成」のために必要だと考えていたようだ。

もちろん、実際に前線に出ていく兵士にも絶対音感教育は行われた。とくに海軍は国防上大いに役立つとして積極的に取り入れ、ピアノを使って毎日1時間、和音を聞き分ける訓練をしたという。**複数の音を聞き分けることで、潜水艦のソナーの音を聞き分けるセンスを磨こうとした**のである。

しかし、全国すべての国民学校が絶対音感教育と戦争を結びつけていたわけではなかった。

文部省の意図したとおり「国防上の教育」を強く意識して教えていたところもあったが、県によってはあくまでも音楽のためと考えて指導しているところもあった。

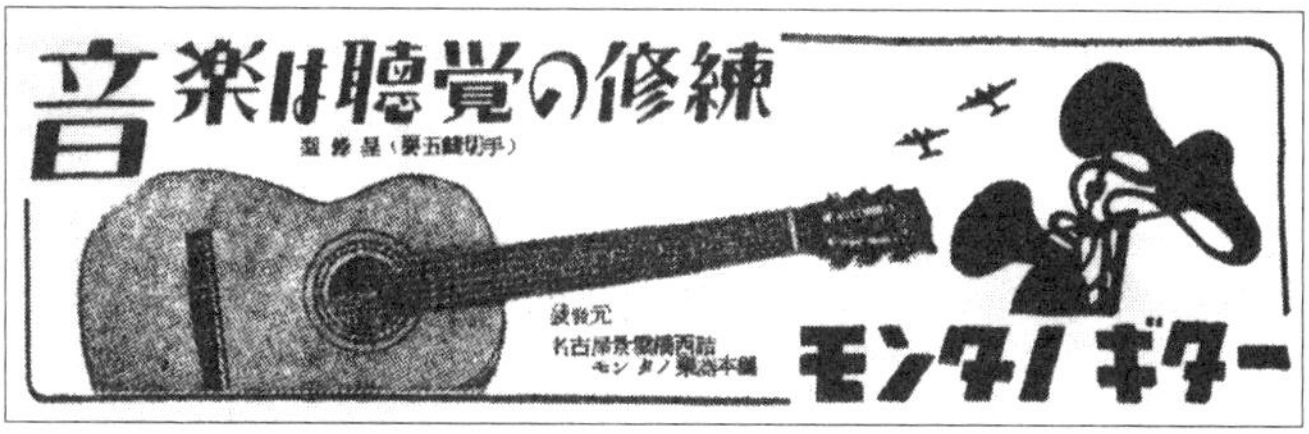

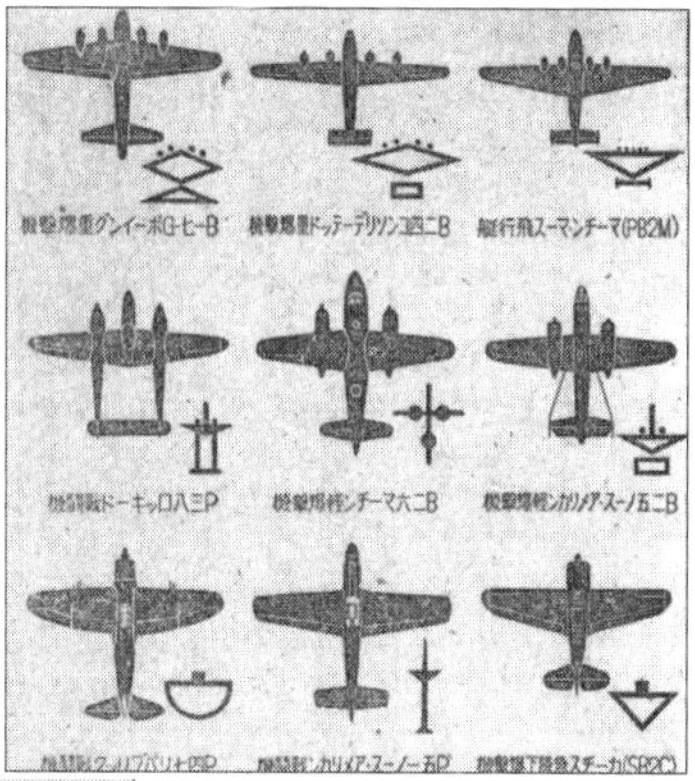

上:ギターの広告にも戦闘機が描かれた。(『サンデー毎日』1943年1月3日号)
中段左:無傷で入手した敵機を飛ばして録音した「敵機爆音集」。もっとも実際に日本に飛来したのは最新の爆撃機だったので、あまり役には立たなかったようだ。(朝日新聞社『戦争と庶民①大政翼賛から日米開戦』より)
中段右:少年向けの雑誌『週刊少国民』に掲載された「敵機の見分け方」という記事。(1944年9月17日号より)
左:のこぎりを使った演奏も披露された。

戦時中に受験をした子供たち

東京に戻ってきた子供たち

太平洋戦争末期、爆撃機のＢ29による本土への空爆が始まると、都市部に住む子供たちは空襲の標的にならない田舎に移り住んだ。

ところが、命を守るために疎開していたにもかかわらず、空襲警報が鳴り響く東京に舞い戻ってきた子供たちがいた。

彼らの目的は、今でいうところの**中学受験**だった。国民学校卒業後の受験勉強のために、疎開先から東京に舞い戻ってきたのである。

戦前や戦中は6歳から6年間だけが義務教育で、卒業すると働く子供がほとんどだった。

その先の中等学校や高等学校は義務教育ではないのでお金がかかる。そのため中等学校に進学するのは、勉強ができて、**比較的お金に余裕がある家庭の子供だけ**だった。

試験は口頭質問のみ

戦況が悪化するにつれ本土への空襲は増え、連日空襲警報が鳴り響いた。銃後の日本人に

女学校での口頭試験の様子（1940年）

とっては戦時中でもっとも過酷な時期だった。

そんななかでも受験は行われた。とはいえ、まともな紙さえこと欠いていたので、多くの中学校ではペーパー試験はなく、**口頭試問形式の試験だけ**で行ったという。

教科は国語と算数、今でいう社会科などで、試験官が出す問題に口頭で答えることで学力が判定された。戦争中だからといって問題が極端に簡単になるはずもないので、受験勉強も大変だったはずだ。

しかし、食べるものも着るものもほとんどなかった苦しい時期にも、受験という日常のシステムが維持されたことによって、子供たちは戦争が終わる日を夢見ることができたのかもしれない。

どんなに過酷な状況にあっても、子供には未来があると大人たちも信じていたのだろう。

2章 戦時中の娯楽

山に押し寄せたハイキング客

体を鍛えることが目的のハイキング

戦前から人々の間では、休暇中にハイキングや登山、海水浴などの行楽に足を運ぶことが流行していた。

春や秋の行楽シーズンの連休ともなると**鉄道のターミナル駅は大混雑**し、東京の高尾山や神戸の六甲山などのケーブルカーも大盛況となるほどの人気だった。

その流行に乗って、日中戦争中には鉄道省から**「体位向上、銃後の備へ」**という標語を掲げた広告が出された。若者を中心にハイキングや登山などで体を鍛えて、銃後の守りを固めよという意味である。

心身鍛錬を目的とした「国民精神総動員運動」の一環として、鉄道省は鉄道を利用した「青年徒歩旅行」や、日本各地の史跡や名勝への旅行を推奨している。政府の推奨に乗じて、国民はこぞって観光地へ行楽に出かけていたのだ。

戦争中であってもその人気は衰えず、１９４０（昭和15）年には鉄道の混雑緩和に対する注意喚起の広告が出されたり、一列乗車が提唱されたりしているほどだった。

私鉄のハイキングコース向けの切符売り場に殺到する人々（1941年）

戦争中も行楽客は減らなかった

鉄道の利用客は増える一方だったが、戦局が進むにつれて、鉄道の貨物輸送への比重も高まっていった。

そこで政府は鉄道の旅客抑制を打ち出し、鉄道利用の自粛を訴えた。

しかし、国民の行楽熱はいっこうに治まらなかった。新聞に**「敵前行楽を追い払え」**という記事が掲載されても、**休日ともなれば我先にと海や山に出かけた**。

戦局が少しずつ悪化して時代の空気が暗くなっていっても、つかの間の行楽でストレスを発散するたくましい庶民の姿がそこにはあったのである。

田舎や最前線でも舞台を楽しめた

移動演劇団が全国に楽しみを提供する

戦前から東京や大阪などの大都市では、漫才や演劇などが人気を集め、庶民の娯楽として楽しまれていた。

しかし戦争が始まると、本来自由であるはずの芸能も、いや応なしに国策の道具として戦局に巻き込まれていった。

大政翼賛会の決定によって、日本移動演劇連盟が結成され、いくつかの**移動演劇団**が国内外を慰問することになったのだ。

人気劇団や役者、漫才師であっても**例外は許されなかった**。

歌舞伎界、文学座、宝塚歌劇団、吉本興業など名だたる団体の人気者たちは、国策普及のための演目をひっさげて各地を回ることになったのである。

当時の人気歌舞伎役者である市川羽左衛門は、「忠臣蔵」を長野県岡谷や茨城県日立の鉱山で演じている。また文学座の移動演劇団は、チェーホフの「結婚申込」を秋田弁にして上演し、大人気だった。

いずれも戦局を考慮して国威発揚のための脚本になってはいたのだが、めったに見られ

移動演劇の様子（1941年）

ない**本物の演劇や歌舞伎**を人々は心の底から楽しんだ。

ちょっとしたことでも大歓声が上がり、大声で笑ったり涙したりと、その熱心な観客の反応に演者たちも励まされたという。

移動演劇団は終戦までにのべ1194万人もの観客を集めた。戦時中に、日本中の小さな町や村にまで娯楽が行き渡ったのである。

前線の兵士を癒やしたわらわし隊

移動演劇団のなかでも有名なのが、吉本興業の**「わらわし隊」**だ。

わらわし隊は、日中戦争の際に結成された**戦地慰問のための組織**である。日本の戦闘機部隊「荒鷲隊」にちなんだ名前の慰問団は、太平洋戦争のさなかにも国内外に派遣された。

　人気漫才師のエンタツ・アチャコやワカナ・一郎、柳家金語楼たちがわらわし隊に参加し、最前線だけでなく、国内の部隊や軍需工場にも慰問に訪れている。

　当代きっての人気漫才師たちが地方に足を運び、目の前で漫才を披露するとあって、わらわし隊はどこへ行っても熱烈な歓迎を受けた。

　一方、吉本興業のお膝元の大阪市では、**「お座敷芝居」**というスタイルの演芸公演が行われている。当時の人気脚本家である秋田實らが台本を書き、一般家屋のお座敷を舞台に隣組の人たちが観客として招かれたのだ。

　お座敷芝居は市役所の文化課による鳴り物入りの企画だったというが、笑いが庶民の間に根づいている大阪ならではの試みだったといえるだろう。

宝塚も移動演劇に参加した

きらびやかな衣装で歌い踊る**宝塚歌劇団**の「レビュー」も、戦争が始まるとともに「敵国の文化を演じている」として禁止された。

　もんぺ姿の劇団員たちは、軍隊ものの上演を強いられ、本拠地である宝塚市の宝塚劇場は兵舎として、そして東京の宝塚劇場は風船爆弾の工場として軍に接収されてしまった。

　そこで劇団員たちは、移動演劇団に参加することで劇団を存続させた。日本各地だけでなく、満州や樺太にも慰問に出かけたこともあったという。

「わらわし隊」として傷病兵を慰問する柳家金語楼（1938年）

宝塚の舞台が休演になることの告知。最後の出しものは『翼の決戦』という軍隊ものだった。（『寳塚たより』1944年３月号より）

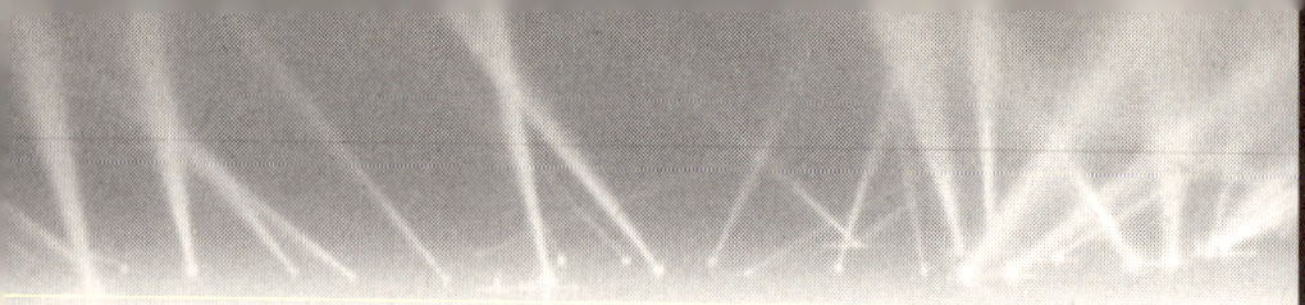

軍人をネタにしたものまね芸人

百面相で人気を得た桂一奴

ものまね芸は「お笑い」の中のひとつのジャンルだといえるが、その元祖ともいえる人たちが戦時中の日本で活躍していた。

たとえば**桂一奴**《いちやっこ》は、上野の鈴本演芸場などで活躍した芸人だ。彼は「有名人の顔や仕草をまねる」という芸で大人気となった。

東条英機や近衛文麿《このえふみまろ》、海外ではアドルフ・ヒトラーなど、政治家や人気芸能人までそのレパートリーは多彩で、彼の芸は**「百面相」**と呼ばれた。当時の様子を記録した写真には、軍服を着た東条英機や、ナチ服に身を包んだヒトラー、山高帽をかぶった近衛文麿などに扮した一奴の姿が残されている。

顔や仕草をまねて笑いをとるというものまね芸は珍しく、まさに一奴の独壇場だったという。

声帯模写を得意とした古川ロッパ

戦時中のものまねといえば、もうひとり、

古川ロッパ一座の喜劇公演。左の人物がロッパ。（1947年）（写真提供：毎日新聞社）

忘れてはならないのが**古川ロッパ**だ。

彼は戦前から多大な人気を博していた喜劇役者だ。彼の芸は多彩だったが、何よりも受けたのが**声帯模写**だ。声帯模写というジャンルはロッパから始まったともいわれている。

168センチ、86キロという恰幅のいい体で、サラリーマンからオペラ歌手まで器用に模写してみせ、会場を盛り上げた。

浅草を中心に庶民から人気があったエノケン（榎本健一）に対して、ロッパは丸の内などのインテリ層に人気があったという。

ロッパ自身も貴族の生まれであり、その風体から漂うのはどこか上品な雰囲気で、それもインテリ好みだったのだろう。

ロッパは空襲による自宅の焼失という不運にもめげず、舞台や映画、戦地慰問などを行って観客たちを喜ばせ続けたのである。

東京大空襲の3日後に開かれた寄席

禁止になった落語の台本は封印された

落語は戦前から人気があった娯楽で、戦時中も変わらず庶民の間で親しまれていた。柳家金語楼や三遊亭金馬、林家正蔵といった落語家たちの活躍で庶民の文化として暮らしに根づいていた。

日増しに不便なことが増えていくなかで、落語家たちの噺《はなし》を聞いて心から笑うことが、ストレス解消にはうってつけだったのである。

とはいえ時は戦時下であり、落語界にもその影響は色濃く表れていた。演目には規制がかかり、酒が出てくる噺や遊郭や愛人などをテーマにした色っぽい噺は、「不謹慎だ」として上演を禁じられた。

上演が禁止された53種の演目の台本は、**「禁演落語」**として浅草の本法寺に建立された**「はなし塚」に納められて封印された**のである。

国策落語が登場する

一方で、戦意高揚のための**「国策落語」**が

上野の鈴本演芸場（1934年）。空襲で焼失したが青空の下で寄席を再開した。現在はビルになっている。（画像提供：毎日新聞社）

つくられ、貯蓄や隣組の大切さ、出産の奨励、スパイに対する注意などをテーマにした演目が上演された。

7代目林家正蔵は、「出征祝」という噺をつくった。召集令状が届いた若旦那が番頭や店員たちと喜び合い、「生きて帰ろうとは思っていない」と誓うような内容だ。

戦後になるとほとんど演じられることがなくなり、録音資料なども残っていないが、戦前から落語に親しんできた庶民が、その演目に満足していたとは考えにくい。

では、落語の人気が落ちてしまったのかというと、そうではない。**表向きは禁演となった遊郭話などの落語は、戦時中も演じ続けられていた**のだ。

たとえ台本を塚に納めて封印したとしても、噺家たちの頭の中にはしっかりとその内容が

刻まれていたし、慰問先でも禁演落語のリクエストが一番多かった。
リクエストされれば、噺家たちはこっそりとその噺を演じたのだ。

空襲後の焼け残った演芸場で開催

日本の敗戦が濃厚になった時期になっても寄席は開かれ続けていたが、東京と大阪への大空襲によって一面焼け野原になると、名だたる演芸場は破壊されてしまった。

しかし、芸人たちのたくましさと庶民の笑いを求める強い気持ちは空襲でもめげることはなかった。

東京大空襲の3日後、かろうじて焼け残った神楽坂演芸場で早くも名人会が開かれた。

警報が出ると寄席は休みになったのだが、それでも1945（昭和20）年3月10日から20日の開催期間中、**休演したのは2日間だけ**だった。

もちろん寄席を開くことができた日でも、上演の最中に警報が発令されることがあった。

その時の様子を書き残した資料には、「すぐさま電灯をくらくして様子を見るが、客の方がもう慣れっこで、**『いいから演れ、演れ』**とあおり立てた。たまには高射砲の音を頭上にききながら、一席ご機嫌をうかがったようなこともあったという」とある。

あたりは一面焼け野原という中で、寄席に集まった人々は、つかの間の笑いを楽しんだのである。

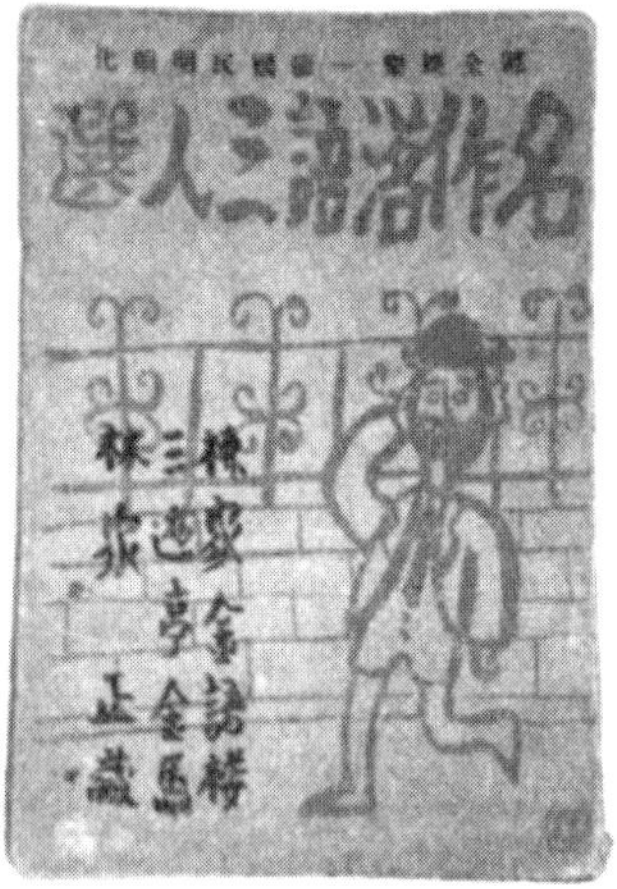

左:今も本法寺に残る「はなし塚」。
上:1941年に発行された『名作落語三人選』。林家正蔵の国策落語はこの本に収録された。

左:空襲によって破壊された浅草東本願寺周辺。このような焼け野原の中でも寄席は開催された。

当時のJポップだった軍歌

積極的に軍歌を歌っていた人々

戦意高揚や愛国精神を鼓舞するために戦争と切っても切り離せないのが、**軍歌**である。

現代では、政府や軍部が国民に無理やり歌わせていたと思っている人もいるかもしれない。

確かに、軍歌は国民を戦争に駆り立てるための道具としても使われていたが、戦時下の日本では軍人だけでなく、庶民の間でも広く親しまれていた。当時の人々は積極的に、そして熱狂して軍歌を歌っていたのだ。

軍歌は流行歌であり、**現在のＪポップのような存在**だったのである。

60万枚のヒットになった『露営の歌』

たとえば、「勝って来るぞと勇ましく」の歌詞で知られる**『露営の歌』**（藪内喜一郎作詞、古関裕而作曲）は、レコードが発売されてからわずか半年で**約60万枚**を売り上げるという大ヒットを記録している。

軍歌 露營の歌
(一)
勝つて來るぞと 勇ましく
誓つて故郷を 出たからは
手柄たてずに 死なれよか
進軍ラッパ 聽くたびに
瞼に浮かぶ 旗の波
(二)
土も草木も 火と燃える
果てなき曠野 踏みわけて
進む日の丸 鐵兜
馬のたてがみ なでながら
明日の生命を 誰か知る
(三)
彈丸も タンクも 銃劍も
暫し露營の 草枕
夢に出て來た 父上に
死んで還れと 勵まされ
さめて睨むは 敵の空
「露営の歌」の歌詞が書かれた当時のポストカード

この『露営の歌』は、兵士を壮行するのにふさわしい軍歌がなかったため、毎日新聞社が**広く一般から歌詞を公募し、入選したものからつくられた歌**だ。

哀調を帯びた歌の響きが兵士を見送る際の庶民の心情と重なって、人々の心を強く惹きつけたのである。

この『露営の歌』のヒットが政府や軍部の押しつけではなく、庶民の自発的なものだったことは、まもなくこの歌が兵士の壮行にはふさわしくないとされたことからもわかる。

というのも、歌詞には「死んで還れと励まされ」などの死を連想させる部分が多く、あまりに悲愴感が漂うことから、壮行には不向きだとされたのだ。

そこで新たに軍歌が公募され、もっと勇ましく戦意を高揚させるような『出征兵士を送る歌』が選ばれるようになった。

１００万枚売れた『愛国行進曲』

当時は、『露営の歌』のように**新聞社や出版社による公募も頻繁に行われていた**。新聞各社が競い合って一般から軍歌を公募し、入選した作品はレコード会社によってレコード化されたのだ。

軍歌はかなりの売れ筋商品だったから、レコード会社は確実な儲けを見込んで次々と軍歌を発売する。それを**ラジオが全国に放送**し、軍歌は自然と人々の生活に浸透し、人気を博していくという具合だった。

各メディアは人気の軍歌を積極的に利用し、今でいうメディアミックスが絶妙な効果を発揮していたというわけだ。

また、こうした軍歌の公募は政府や軍部も行っていて、内閣情報部は一等賞金１０００円で「国民が永遠に愛唱すべき国民歌」を募集している。

当時は公務員の初任給が75円程度だったから、驚くほどの高額である。

応募総数は５万７５００篇以上もあったというから、国民の関心の高さがわかるだろう。軍歌の公募は、戦時下での国民的なイベントのひとつだったのだ。

ちなみに、この公募でつくられた『**愛国行進曲**』は、**６社のレコード会社から発売されて１００万枚のヒットを飛ばしている**。

この歌の歌詞や楽譜が女性の着物や帯の図柄として描かれるなど、庶民の間では大変な

工場の昼休み時間に『愛国行進曲』を楽しむ人々

人気ぶりだった。

少女雑誌から生まれた『同期の桜』

軍歌は、少女たちの間にも浸透していた。

たとえば、「貴様と俺とは同期の桜」の歌詞で知られる**『同期の桜』**も、そもそもは『少女倶楽部』という雑誌に掲載された『二輪の桜（戦友の唄）』という軍歌である。

もとの歌は西条八十《やそ》が作詞し、「君と僕とは二輪の桜」という歌詞だった。

ところが、レコード化され、たまたまこれを耳にした海軍士官が『同期の桜』という替え歌にしたところ、哀愁ある歌が戦争末期の特攻隊員の心に響き、大流行したのである。

歌でニュースを伝えた「ニュース軍歌」

ラジオから流れた宣戦布告の歌

今から約70年前の日本では、情報源といえばまず**ラジオ**だった。

ラジオがもっとも人々の間に浸透しているメディアで、ニュースの速報性に関しては新聞も雑誌もかなうものではなかった。

戦局を伝える報道についても同様で、ラジオからは男性アナウンサーが勇ましく戦果を読み上げる声が流れていた。

しかし、戦争報道を担っていたのはアナウンサーの声だけではなかった。**「ニュース軍歌」**というものもあったのだ。

これは、実際の戦況をもとにつくられた軍歌で、ＮＨＫがラジオ放送の中で**「ニュース歌謡」**という枠を設けて、その日の戦況を速報にして歌で流していたのだ。

最初のニュース軍歌は、開戦の夜に放送された**『宣戦布告』**である。

「敵は米英宣戦の大君の詔勅今下る」で始まる軍歌が、日本の国民に太平洋戦争の開戦を告げたのだ。

その後も、『皇軍の戦果輝く』『タイ国進駐』『フイリッピン進撃』『長崎丸の凱歌』といっ

マレー沖で日本軍の攻撃を回避するレパルス（左）とプリンスオブウェールズ（右）

たニュース軍歌が、毎日のようにラジオから流れてきた。

国民は日本軍の勝利を高らかに歌うニュース軍歌に耳を傾けた。当時の流行歌であった軍歌に乗せて日本軍の華々しい勝利が歌われることは、格好のプロパガンダとなったのである。

一番人気は英軍に勝利した歌

数あるニュース軍歌の中でも、当時傑作としてもてはやされたのが『**英国東洋艦隊潰滅**』だ。

真珠湾攻撃の2日後、日本軍はマレー半島沖でイギリス海軍の戦艦レパルスとプリンス

オブウェールズを撃沈した。

このことがラジオで速報されると、日本全体が勝利への喜びで沸き返った。そして第一報がラジオで放送された3時間後には、ニュース軍歌として『英国東洋艦隊潰滅』がラジオから流れたのだ。

「滅びたり、滅びたり、敵東洋艦隊はマレー半島、クワンタン沖にいまぞ沈み行きぬ　したり、海の荒鷲よ　見よや見よや　沈むプリンスオブウェールズ」という歌詞から始まるこの歌は、明るく勇ましい曲調で日本軍の戦果を歌い、人々はその様子を脳裏に思い描いたのである。

その後も、『マニラ陥落』『シンガポール陥落』など、日本軍の勝利を伝えるニュース軍歌が次々に放送されたが、『英国東洋艦隊潰滅』の人気には及ばなかったという。

レコード業界が活気づく

ニュース軍歌の人気は、新しいビジネスをも生み出した。

もともとニュース軍歌は即興でつくられていたものが多く、レコード化されることはなかったのだが、『英国東洋艦隊潰滅』はあまりの評判の良さから**後日改めて歌詞をつくり直してレコーディングした**という。

軍の検閲が入るとはいえ、そもそも軍歌はラジオ局やレコード会社などがしのぎを削って作成したものだ。民間の競争が商品の質を高め、その結果、人気が高まったという面もあるだろう。

レコード会社はこぞって軍歌をレコード化

航空機工員の宿舎にて、ラジオを前に拳をあげる人々。（1943年）

し、業界は好景気に沸いた。

　だが、その好景気も長く続いたとは言いがたい。

『英国東洋艦隊潰滅』のように、少なくとも開戦直後は、ラジオから流れてくる軍歌も明るいイメージのものが多かった。

　しかし、ミッドウェー海戦の敗北やガダルカナル島からの撤退、山本五十六の戦死など、戦局が悪化していくと、いつの間にか歌の雰囲気も変わっていった。

　また、当局の音楽業界への締めつけが厳しくなり、軍歌も大本営発表に従ってつくらざるを得なくなっていた。

　そして敗戦を迎え、軍歌の時代は終わりを告げた。それと同時にニュース軍歌も姿を消し、ラジオから流れるのは新しい時代の昭和歌謡へと移っていったのである。

当時の技術を駆使してつくられた映画

のちの「特撮の神様」が参加していた

戦時中はありとあらゆるものが戦争のために利用されていたといっても過言ではない。映画の世界も例外ではなく、当時制作された作品には厳しい規制や検閲がかかっていた。「映画法」により娯楽色が薄められ、軍国主義啓蒙のための内容にすることを余儀なくされていたのだ。

結果としてできあがったのは、戦意高揚のための、いわゆる**プロパガンダ映画**である。

日本でも当時、数々のプロパガンダ映画がつくられた。

国民たちは作品の中に織りこまれた軍国主義に共感し、日本軍の活躍に快哉を叫び、愛国精神を盛り上げた。

多くの映画で重要だったのが、日本軍の活躍を華々しく描いた**戦闘シーン**だ。しかし、実際の戦闘の記録映像を使うことは禁じられていた。

そこで活躍したのが、のちに「特撮の神様」と呼ばれた**円谷《つぶらや》英二**である。

ゴジラやウルトラマンシリーズで有名な円谷英二の特撮のルーツは、プロパガンダ映画

セットの空母から攻撃機が飛び立つシーン

で戦闘シーンを再現するための技術に見ることができるのである。

GHQも本物だと信じた戦闘シーン

真珠湾攻撃を描いた『**ハワイ・マレー沖海戦**』では、真珠湾の精巧なセットと、軍艦や戦闘機などの細密なミニチュアによって、実際の映像と見紛うほどの戦闘シーンが繰り広げられている。

円谷は**前線の資料写真から、実際の大きさを正確に割り出した**という。その緻密な作業の結果、迫力のあるリアルな映像をつくり上げたのだ。

のちに、あまりに精巧な仕上がりを見たG

HＱが実写記録フィルムだと信じて疑わず、配給元の東宝に対してフィルム提供を強要したという逸話が残っている。

実際の映像を使った映画もあった

戦局が厳しくなると、実際の映像を使った記録映画もつくられた。

1943（昭和18）年10月に東京の神宮外苑競技場で行われた出陣学徒壮行会を記録した『**学徒出陣**』である。

陸軍の楽隊が演奏する行進曲をバックに、雨の中水しぶきを上げて行進する学徒たちの姿が映し出されたこの映画では、国のため、天皇陛下のために戦場に行くことが名誉なことだとして描かれている。

壮行会当日に神宮外苑競技場に集まった学生は2万5000人で、その中の3000人以上が戦死したといわれている。

終戦までに学徒出陣で出兵した若者は、陸海軍合わせて約10万人にのぼった。その多くは軍事訓練もろくに受けずに出兵する、特攻要員だったという。

『学徒出陣』は、すべての国民が立ち上がるよう鼓舞する目的で制作された映画だったが、果たしてそれが目的を果たしたかどうかは定かではない。

そして、敗戦とともにプロパガンダ映画の制作は終わりを迎え、今度はGHQの検問を受けることになる。その検問を通って初めて公開されたのが、挿入歌『リンゴの歌』が大ヒットした『そよかぜ』である。

真珠湾のセットでの撮影風景。この写真は戦後アメリカからもたらされたもののようだ。

『学徒出陣』では、実際の壮行会での映像が使われた。

日本初の長編アニメが公開される

真珠湾攻撃を描いた初長編アニメ映画

日本がアニメ大国といわれるようになって久しいが、じつはそのアニメは戦時中の国策映画に端を発しているというのは案外知られていない。

日本初の長編アニメ映画は、海軍の要請によって制作された、**真珠湾攻撃**をテーマにつくられた**『桃太郎の海鷲《うみわし》』**だ。

この映画では、当時大人気だった漫画『のらくろ』の動画化を手がけていた有名なアニメ作家の**瀬尾光世《せおみつよ》**が監督を務めている。

37分間の本編は、軍艦に乗った桃太郎が犬、猿、キジの部隊を率いて鬼ヶ島軍港を攻略するというストーリーだ。

桃太郎隊長がずらりと並んだ犬、猿、キジの兵隊たちに作戦を説明し、甲板上に並んだ爆撃機に乗り込んで出撃していく。それを見送るのはウサギ部隊だ。

鬼ヶ島の鬼たちは米英軍を表しているのだが、勇ましい桃太郎の姿は子供たちを中心に公開直後から大変な人気を集め、映画館は大盛況となったのである。

公開された１９４３（昭和18）年は、庶民

桃太郎と一部の敵以外の登場人物は動物で描かれた。（1943年『桃太郎の海鷲』より）

の生活に戦争の影はあるものの物資不足はまだそれほど深刻でもなく、映画などを楽しむ余裕があったのだ。

第2弾はほのぼのタッチ

『桃太郎の海鷲』のヒットでアニメを利用したプロパガンダの有効性を確認した軍部は、続く第2作『**桃太郎　海の神兵**』の制作を瀬尾監督に要請した。

2作目のモチーフとなったのは、海軍陸戦隊落下傘部隊が活躍した南方戦線セレベス島メナドへの奇襲作戦だった。

人気のアニメを戦争に利用したい軍の思惑を受けても、瀬尾監督はこれを単なる戦意高

揚映画としてつくるのではなく、子供たちに夢と希望を与える映画にしたいという熱意を持って制作に当たった。

というのも、瀬尾監督やスタッフたちは日本軍が戦地で没収した**ディズニー映画『ファンタジア』をひそかに鑑賞**し、そのクオリティの高さに感銘を受けていたのだ。

物資不足でセル画を洗って再利用するような状況のなか、平和な日々を取り戻し、ディズニー映画に匹敵する素晴らしいアニメ映画をつくりたいという思いがあったのだろう。

そのためか、『桃太郎　海の神兵』は74分間のモノクロアニメとしてつくられたが、戦闘シーンはわずか10数分しかない。

では、その他の場面で何が描かれていたのかというと、犬や猿やキジの兵隊たちの**日常がほのぼのとしたタッチで描写されていた**のである。

日本の植民地支配や皇民化教育を思わせるシリアスなシーンは、かわいい動物や楽しい音楽によって**ミュージカルタッチ**でマイルドに表現されており、子供たちはさぞ楽しんで観ただろう。

アニメづくりを心に誓った手塚治虫

しかし、『桃太郎　海の神兵』が多くの観客の目に触れることはかなわなかった。

映画の公開日は1945（昭和20）年の4月12日で、東京大空襲からわずか1ヵ月後のことだったのだ。

映画館のある都市部は焼け野原で、観客と

映画の宣伝チラシには「海軍省後援」とある。『桃太郎　海の神兵』と違い、『桃太郎の海鷲』はほぼ全編が戦闘シーンだった。

なるはずの子供たちの多くは地方に疎開しているという状況だったのである。

しかし、**閑古鳥**が鳴いていた映画館で、一人の少年が封切り初日にこの映画を鑑賞し、その出来栄えの素晴らしさに感動の涙を流したという。

彼こそが、戦後のアニメーション制作を牽引することになる若き日の**手塚治虫**だった。

手塚は瀬尾監督がこの映画に込めた平和や希望というメッセージに感動し、のちに「一生に一度、必ずこのような映画をつくりたいと決心し、漫画家になり、アニメをつくり始めた」と語っている。

軍の思惑を受けて制作された映画が、戦後の日本のアニメ文化に多大なる貢献を果たすという思いもよらない結果を生み、現在も大人から子供までを楽しませているのだ。

終戦の年も行われたプロ野球の試合

アメリカから伝わった野球

日本人に人気のスポーツといえば、現代でも真っ先に名前が挙がるもののひとつがプロ野球だろう。

アメリカから日本に野球が伝わった明治以来、日本人の間では娯楽としての野球が根づいていった。

時代が昭和に入ると、現在のプロ野球にあたる日本職業野球連盟が発足した。各球場でリーグ戦が繰り広げられ、野球好きの人たちが熱い声援を送っていたのである。

戦時中の娯楽が少ないなかでも、子供たちは空き地にベースを置いて三角ベースに興じていたし、野球観戦は大人たちの楽しみのひとつだった。

選手も観客も酒を飲みながらの試合

リーグ戦の他に、プロ野球で戦前から戦後にかけて行われていたのが「正月大会」と呼ばれたオープン戦だ。

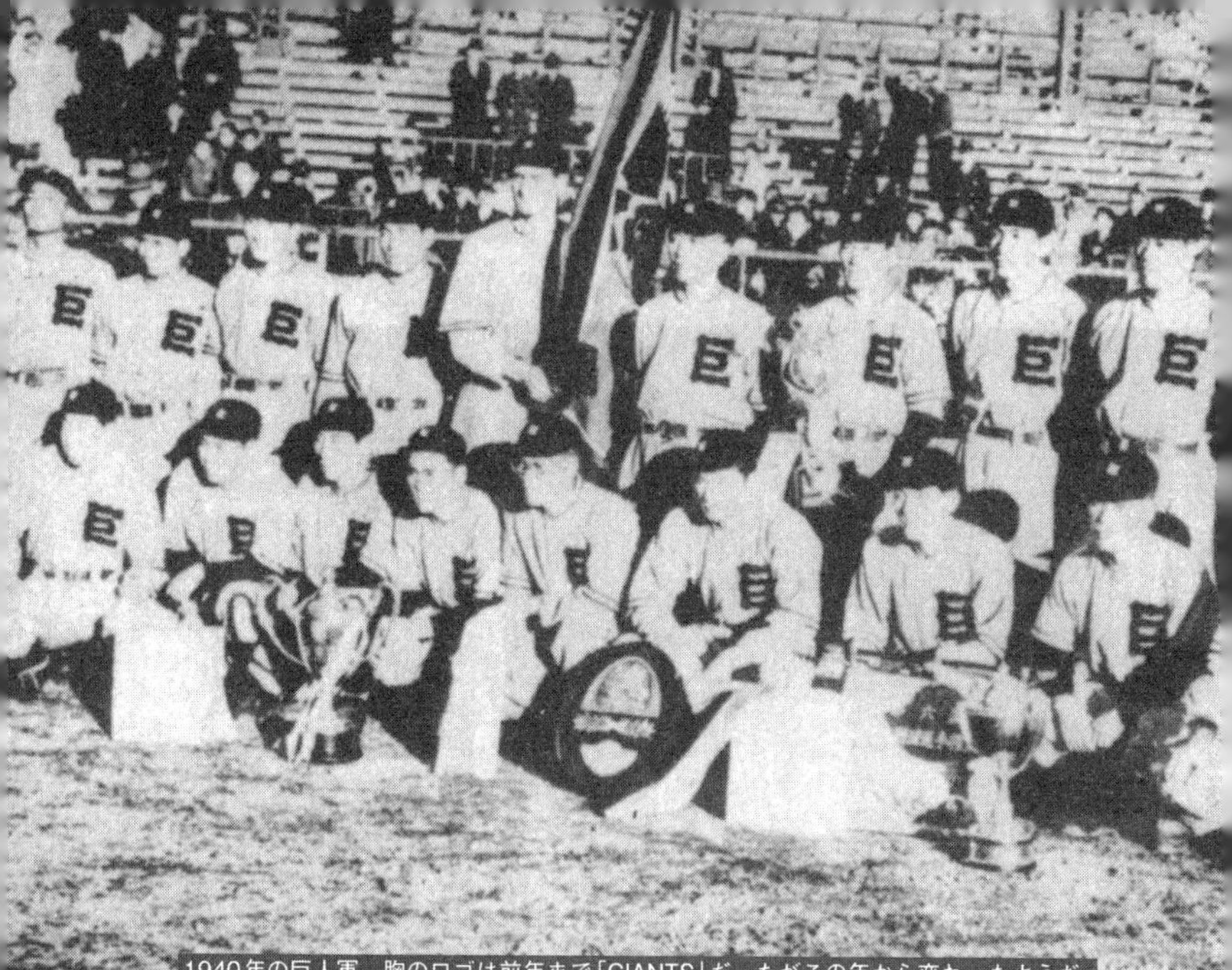

1940年の巨人軍。胸のロゴは前年まで「GIANTS」だったがこの年から変わったようだ。

これは野球選手の新年会のようなもので、選手たちには試合前や**試合中に祝い酒が振る舞われた**という。

今では考えられないことだが、選手たちはほろ酔い状態でプレーしていたということになる。観客たちも正月気分で飲みながら観戦していたわけだから、大らかな時代だったというしかないだろう。

終戦の年の正月に集まった選手たち

そんなのどかな光景は、戦局の悪化とともに消え去ろうとしていた。

野球選手といえども徴兵から逃れることはできず、ひとり、またひとりと歯が欠けるよ

うに**選手が戦地へと送られていった**。

そして沢村栄治、景浦将《かげうらまさる》といった人気選手をはじめ、多くの選手たちが戦争で命を落とすことになったのである。

そうなると各チームは試合ができるような状況ではなくなり、リーグを離脱するチームが相次いだ。終戦の前年にはいっさいの公式戦を中止するという事態に陥っている。

これに待ったをかけたのが、阪神電鉄の常務だった田中義一《よしかず》だ。

「プロ野球の灯を消したくない」という田中の呼びかけに応じて、終戦の年である1945（昭和20）年の正月に4球団27人の選手が大阪に結集した。

かろうじて阪神の選手が9人集まったものの、どのチームも選手の数が足りなかった。

そこで阪神と産業（現中日）を猛虎軍、阪急（現オリックス）と朝日を隼軍として戦うこととなった。

9000人の観客が集まった

元旦の試合は甲子園で行われた。翌日は西宮球場で行い、1日2試合ずつ交互で開催して計10試合が予定されていた。

しかし、3日の試合が空襲警報の発令で中止となったため、**実際に行われたのは8試合**だった。

当時の阪神ファンだった学生によるスコアブックによると、戦績は7勝1敗で阪神が勝ち越している。

元旦の試合の観客は、甲子園のバックネッ

上:後楽園球場に登場した「米英撃滅」と書かれた標的。これに向かって手榴弾投げ競争が行われた。(1942年)
左:1942年には、軍装姿の選手が球場に登場した。写真は巨人軍。

ト裏にわずか500人程度だった。それでも正月らしく、少しずつ貴重な祝い酒が振る舞われ、いつもの年始のように試合が行われた。

いっさいの告知を行わなかったにもかかわらず、口コミで集まった観客は、合計で9000人程度となった。

通信手段も限られていた当時、短期間でこれだけの観客が集まったことには驚かされる。厳しい戦況下であっても、野球を愛する人々は文字通り声をかけ合って甲子園や西宮球場に集ったのだ。

そして選手たち、球団の職員、野球を楽しみたいという人々の思いは、敗戦を乗り越えて職業野球を支える原動力となった。

その証拠に、**終戦後わずか3ヵ月で職業野球は復活を果たし**、球場に快音と歓声を再び響かせることができたのである。

鉄かぶとをかぶって大相撲を楽しむ

戦時中も場所は開催されていた

戦時中の日本で、圧倒的な人気を誇ったスポーツのひとつが大相撲だ。

娯楽の少なかった当時、力士の人気は絶大で、大人はラジオから流れる実況に熱中し、子供たちは学校や空き地で相撲をとって夢中で遊んでいた。

戦時中も年に2回の場所は予定通り開催され、そこには国威発揚の狙いがあったのだが、時折響く警報を尻目に、会場の両国国技館には連日多くの市民が詰めかけている。

人気を集めた力士たちの中でも、戦前に69連勝という大記録を打ち立てた**双葉山**は国民的英雄ともいえる存在だった。

戦時中はその双葉山が第2次黄金期を迎えていた。連勝が止まった後に4敗を喫した双葉山だが、翌場所では再び破竹の勢いで全勝優勝を果たした。

そんな双葉山の鬼気迫る姿に、国民の誰もが日本軍の勝利を重ねたのである。

力士たちの中には、化粧まわしに戦意高揚のスローガンを掲げる者もおり、双葉山も力士たちが寄せ書きした日章旗を化粧まわしに

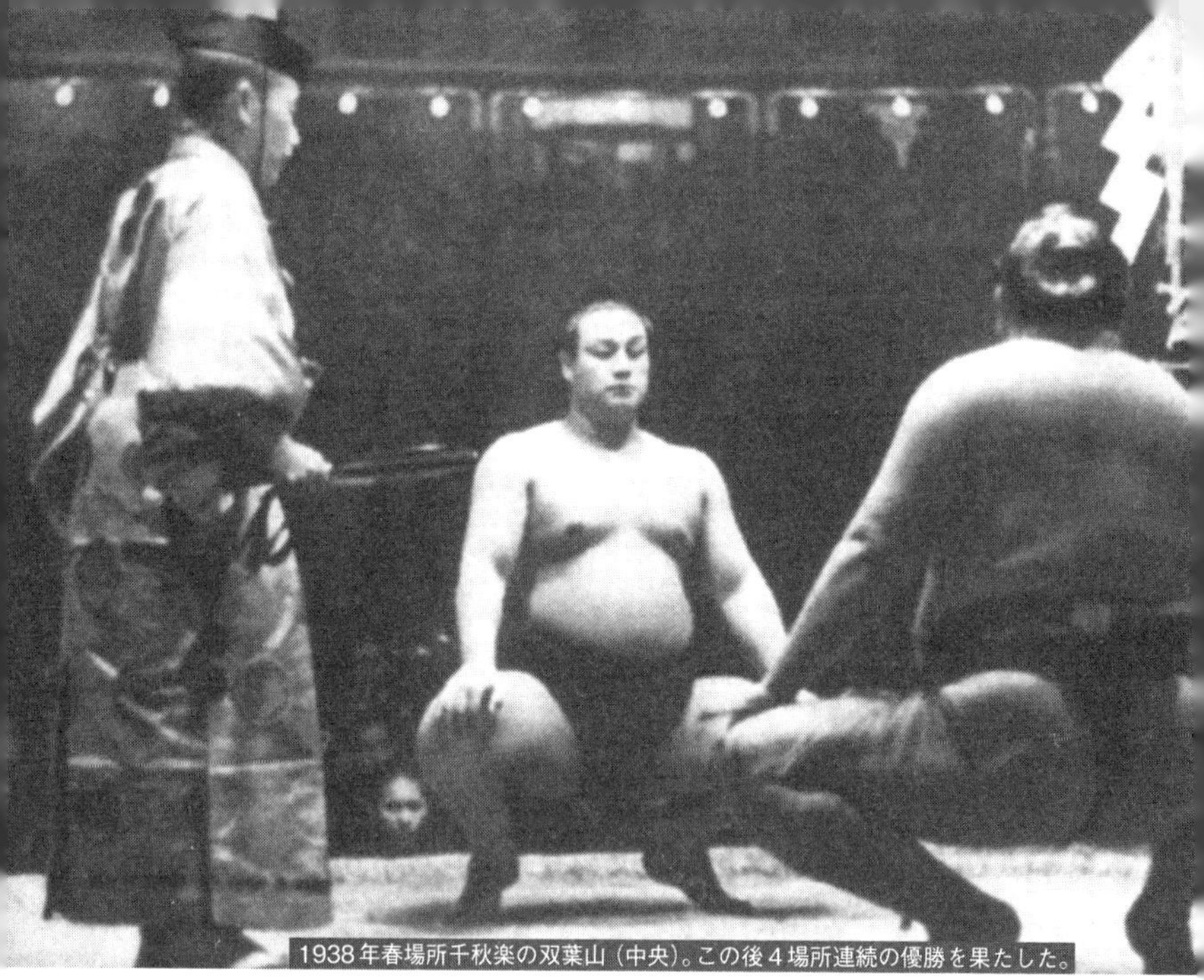
1938年春場所千秋楽の双葉山（中央）。この後４場所連続の優勝を果たした。

挟んで土俵に上がったという。

食料や物資が不足して窮屈な生活を強いられている庶民にとって何より貴重だったのは、大相撲に熱中することで**日常のストレスを発散できた**ということだろう。

後楽園球場で開催された夏場所

しかし戦況が厳しくなると、相撲界にも影響が及び始めた。

若い力士たちが兵士として次々に召集されたうえ、両国国技館が風船爆弾工場として軍に接収されたのだ。

１９４４（昭和19）年5月、会場を失った夏場所は、小石川の後楽園球場で開催されることとなる。

　屋根のない後楽園球場では、警報が出ると取り組みが延期された。それでも快晴に恵まれた日曜日の観客は6万3000人にものぼり、力士たちに大きな声援が送られたのである。

　初夏の日差しのもとに詰めかけた観客たちのなかには鉄かぶとをかぶって空襲に備えている人も多く見られたという。

空襲で焼けた国技館で場所を行う

　娯楽としての相撲が戦争で疲れた人々にどれだけ必要とされていたかがわかるのが、1945（昭和20）年の**東京大空襲**の際のエピソードである。

　3月の空襲で焼けてしまった両国国技館では、夏場所開催を控えていた。開催するかしないかで相撲協会が協議を重ね、結局被災した国技館を使って予定通り開催することになったのである。

　屋根が焼け落ちて、破損が激しい国技館には通常のように観客を入れることはできず非公開となったが、傷痍軍人たちが招待されて取り組みを見守った。

　取り組みはラジオで実況され、国内だけでなく中国や南方進駐の日本兵に向けた国際放送も行われた。そこには「まだ戦う力はある」という対外的なアピールという目的があったのだ。

　しかし、いくら取り繕っても厳しい現実は明らかだった。

左:靖国神社の境内で、勤労奉仕として畑仕事をする力士たち。(1939年)
右:後楽園で行われた1944年の夏場所。土俵の奥にスコアボードが見える。

大空襲で命を落とした力士や、疎開中で連絡が取れなかった者もいて、取り組みの結果には**「不戦」**の記載もある。

土俵に上がった力士たちも、戦時中の食糧難から**明らかにやせてしまった力士**も目立ったという。

そして何より、戦時中でもあれほど熱い声援を送った**庶民の姿がそこにはなかった**。この風景こそが、戦争の厳しさを示している。

この夏場所で優勝したのは平幕の備州山だ。場所中に4敗を喫した大横綱の双葉山はこの場所の後に引退を表明して、日本中を騒然とさせた。

のちに撤回されたものの、日本中を沸かせた英雄の突然の引退宣言は、敗戦へと近づく日本を象徴するかのような出来事だったのである。

戦艦の上で開催された相撲大会

訓練でもあった艦上の相撲

日本で銃後を支える人々がいれば、当然ながら前線にいる兵士もいる。

彼らが戦闘以外の時間をどのように過ごしていたのかといえば、まずは訓練だった。

訓練にもさまざまなものがあったが、とくに海軍でさかんだったのが**相撲**だ。

海軍の兵隊たちはいったん洋上に出ると、訓練の場所が軍艦の上の狭い甲板に限られてしまう。そのため、ふんどしひとつで土俵があれば行える相撲は、うってつけの鍛錬だったのだろう。

海軍相撲と呼ばれたこの訓練には、現在の相撲の取組とは決定的に違う特徴がある。トーナメント制で行う場合、〝**負け残り**〟なのだ。

つまり、勝つまで土俵を下りることができず、ひたすら相撲を取り続けなければならないということだ。

前線に行く前の予備練習生たちにも、相撲が訓練に取り入れられていた。

当時の様子を知る人の記述によれば、鹿児島にあった航空隊の訓練場では、グランドの端に土俵が20面ほど並べられ、相撲専門の指

戦艦「長門」の艦上で相撲をとる兵士たち

導教官もいたのだという。

戦争を忘れられる時間

実際に行われた海軍相撲の様子を写した写真には、甲板の上でふんどしを締め、相撲を取る若い兵士たちの姿が収められている。

彼らの背景には甲板に置かれた砲台があり、そこから何本もの砲身が伸びている。そのことが、相撲の舞台が戦艦上であることを知らしめている。

時には上官を部下が投げ飛ばすような光景もあったというから、勝負に熱中してしばし戦争という厳しい現実を忘れる瞬間もあったにちがいない。

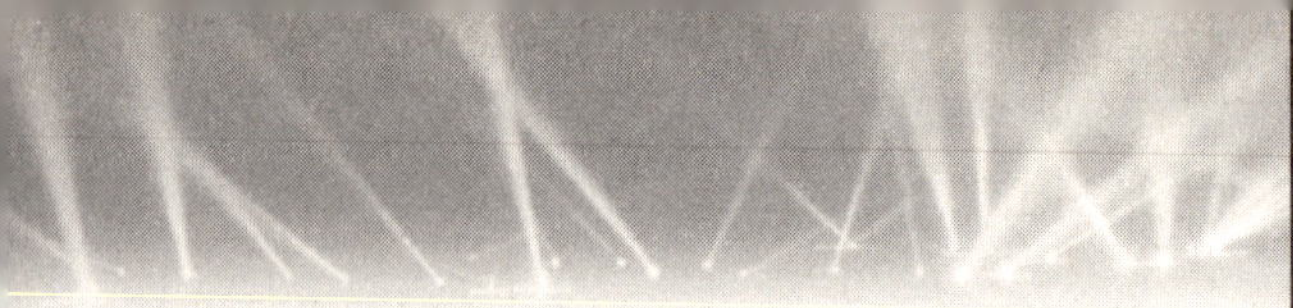

兵士たちを癒やすアイドルがいた

前線の癒やしだった雑誌や慰問

いつの時代も世相を映す鏡となるのが、アイドルたちだ。

戦時中の日本でも、数多くのアイドルたちが輝きを放っていた。

当時のアイドルといえば、おもに映画や舞台などで活躍する**女優**たちのことを指す。戦前から美貌を誇る女性たちが、若者たちの熱烈な支持を集めていたのだ。

女優の原節子や山路ふみ子、李香蘭、宝塚歌劇団の月岡夢路など、数え切れないほどの美貌と笑顔が雑誌のグラビアを飾り、若者たちを夢中にさせていた。

そして戦争が始まると、アイドルたちの存在は戦地へ赴く若い兵士たちの心の支えとなった。

人気を博した高峰秀子

なかでも戦時中のトップアイドルといえば、真っ先に名前が挙がるのが**高峰秀子**だ。戦前

左：高峰秀子の戦前のブロマイド。　右：兵士の慰問雑誌『戦線文庫』28号に掲載された、女優による銃後奉仕のグラビア。

から映画スターとして人気を博していた彼女も、慰問雑誌のグラビアの仕事や戦地慰問を熱心に行った。

トップスターの高峰はどこへ行っても熱烈な歓迎を受けたという。

戦地に送られてくる**慰問雑誌**や**ブロマイド**、さらにはアイドルたちが慰問に訪れることが、前線で過酷な生活を送る兵士たちを癒したのである。

兵士たちにとって、遠く前線までやってきて笑顔を振りまいてくれるアイドルたちはまさに女神といえる存在だった。

一緒に歌い、握手やサインを求めるその様子は、現在のアイドルのステージ風景と何ら変わることはない。彼女たちが過酷な現実を忘れさせてくれ、再び戦う気力をみなぎらせてくれたのである。

3章 戦時中の街の風景

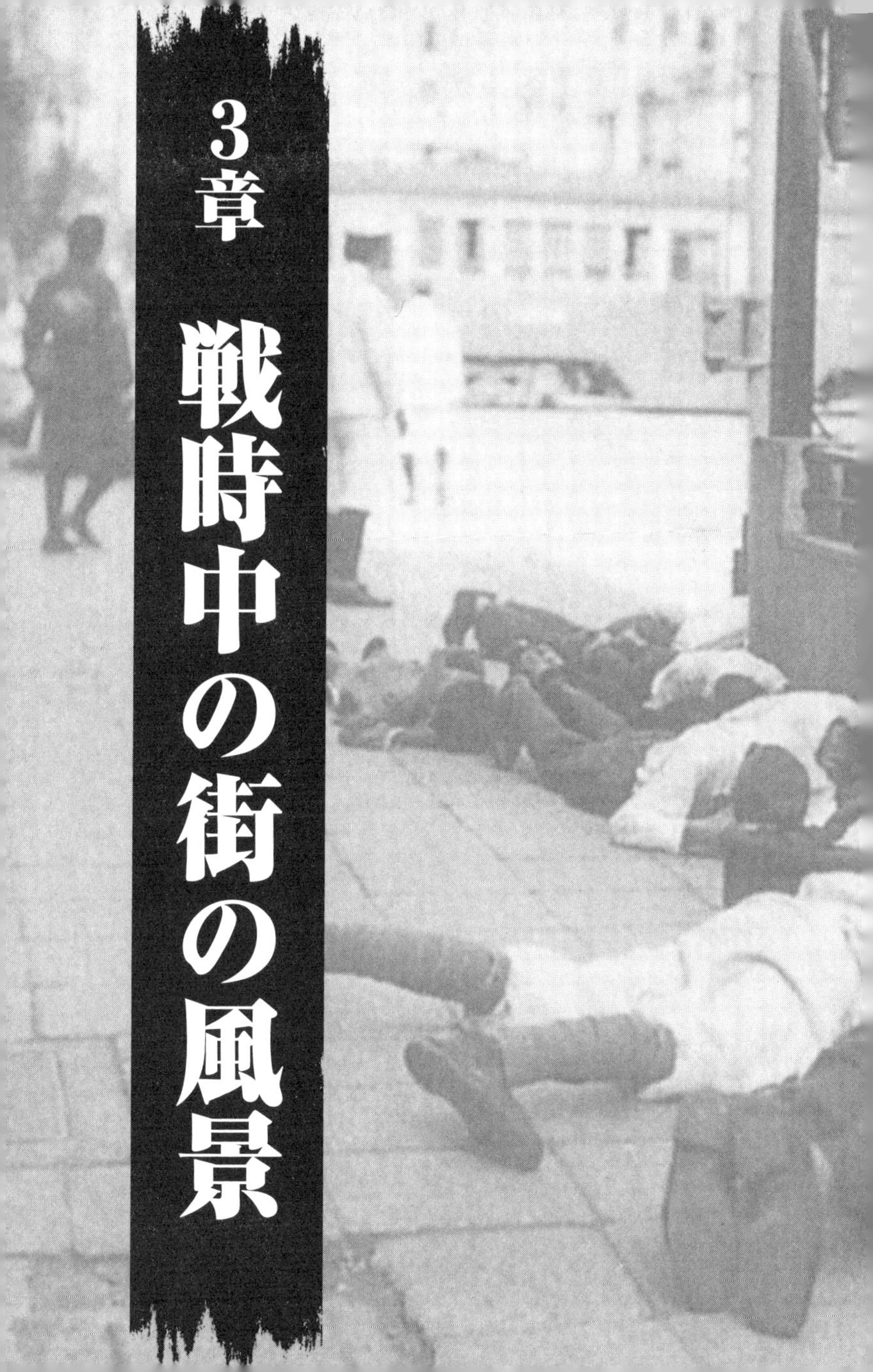

街から消えたハチ公像

金属として回収されたハチ公と通天閣

鍋にやかんといった台所用品をはじめ、指輪やベルトのバックルなど、家の中にはさまざまな金属製品がある。

戦局が悪化してくると、政府は**金属類回収令**を出し、どこの家庭にもあるような金属類を次々に回収した。

もちろん、家庭にあるものだけではない。マンホールのふたに道路標識、銀座の街路灯、お寺の釣り鐘や銅像、郵便ポスト……。その当時、日本国内にあった金属類は根こそぎ回収され、戦車や弾丸の材料になったのだ。

東京の渋谷駅前に立つ**ハチ公像も供出された**。ハチ公は当時の小学校の教科書にも載る有名な犬だったが、それよりも金属が必要だったのだ。現在のハチ公は、戦後に復活した2代目である。

また、大阪のシンボルのひとつである**通天閣も供出の対象になった**。高さが64メートルあった当時の通天閣は、空襲の目標になるからと迷彩色に塗られたりもしたが、塔の中に入っていた映画館が火事になり解体、回収されてしまった。現在の2代目になる通天閣が再建されたの

上:回収されるハチ公像（1944年）

左:解体され供出される大阪の通天閣（1944年）　上:家庭や神社仏閣から供出された金属（1941年）

は、終戦から11年後のことである。

一部の鉄道が廃止される

戦争も末期に突入し、武器を製造するための鉄が決定的に不足してくると、政府はついにインフラにまで手を伸ばすようになった。

国鉄や私鉄の鉄道会社に、不要な路線は廃線にしてレールなどの資材を供出するように求めたのだ。

その影響をもろに受けたのが、東京都の立川市を走っていた**五日市鉄道**である。

現在はJR五日市線になっているが、建設・開業したのは五日市鉄道で、その後、南武鉄道に買収されている。そして、南武鉄道が**戦時買収**によって国有化されたため、国鉄の五日市線になったという歴史がある。

戦時中は、私鉄の経営者が電報一本で政府に呼び出され、国による買収を告げられたという。拒否すれば非国民とされるため、断るという選択肢は彼らにはなかったのだ。

さらに、政府は路線の一部が青梅線と並行して走っていた五日市線を**〝不要不急線〟**として廃止を求めた。

こうしてレールは撤去されて、武器だけでなく輸送力の高い他の路線の増強に使われたり、東南アジアでの鉄道建設のための材料として船で運ばれていった。

五日市線だけでなく、兵庫県の出石《いずし》鉄道や長野県の善光寺白馬電鉄など、不要不急であると判断された路線はことごとく廃止されていったのだ。

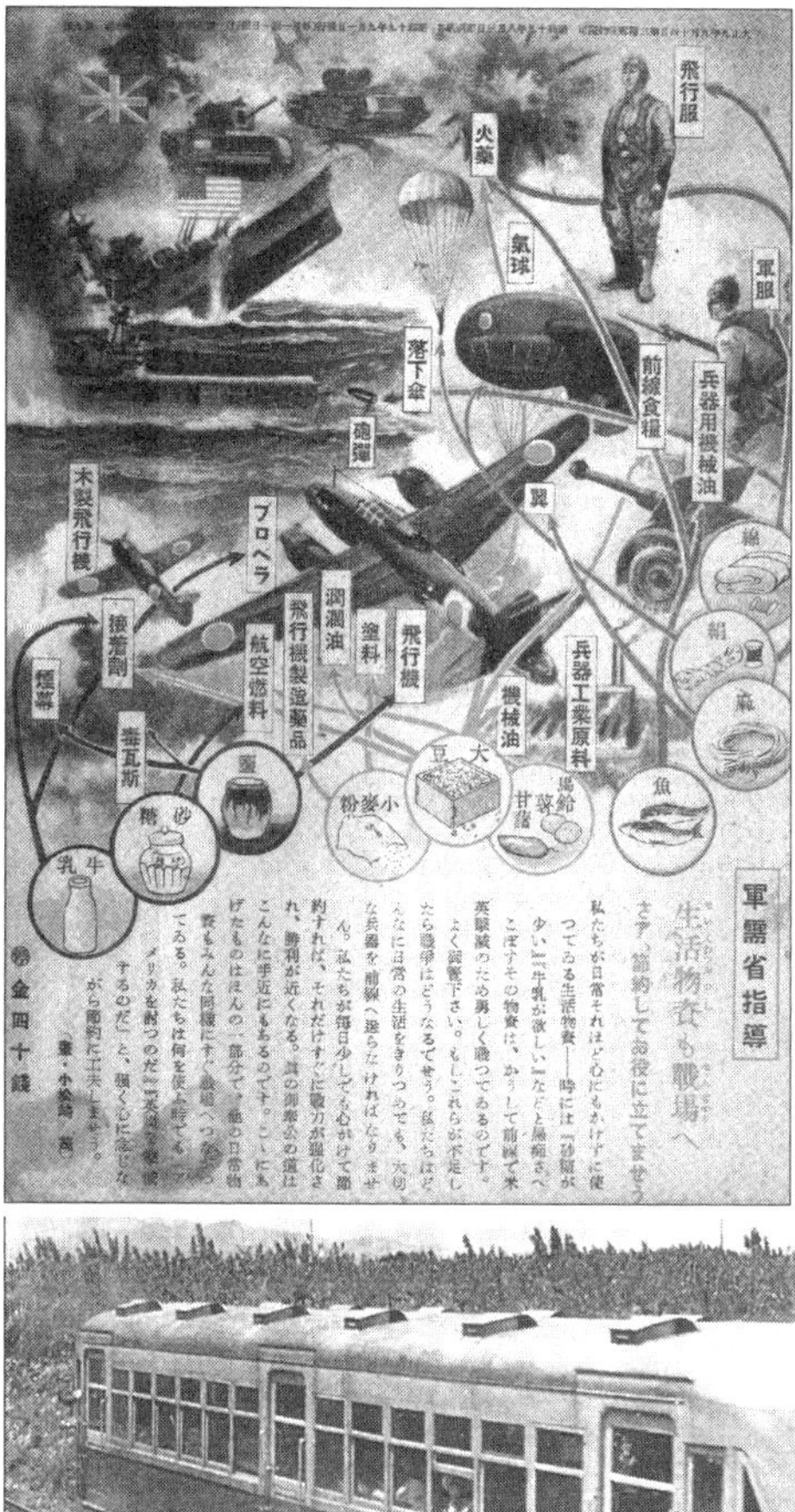

左:戦場で何が役に立つかが描かれたもの。大豆の油が戦闘機に役立つことなどが書かれている。

下:1943年頃の五日市鉄道。当時の車両はガソリンで動いていた。（『立川・昭島今昔写真帖』より引用・竹村義雄氏撮影）

真っ黒な煙をあげて走っていた木炭車

ガソリンの禁輸によって生まれた車

日本がアメリカとの戦争に踏み切った引き金のひとつになったといわれるのが、アメリカによる**石油の禁輸**だ。

資源の少ない日本は現在も原油をほぼすべて輸入に頼っているが、当時も80パーセントが輸入で、しかもおもな購入国はアメリカだった。

そのアメリカからエネルギーの供給源を絶たれてしまったのだから、日本国内ではたちまち石油不足になった。

そこで、ガソリンや軽油などの石油製品の消費枠が政府によって決められたのである。

それでなくても日中戦争以降、燃料は軍に優先的に回されていき、民間で使える量は限られていた。

そこへさらなる制限をされることになり、自家用車はもちろん、タクシーやバス、トラックなどの業務用の自動車も満足に給油できなくなってしまったのだ。

そこで登場したのが、ガソリン車を改造してつくった、木炭を不完全燃焼させて走る**木炭自動車**だった。

国会議員も木炭バスで皇居に参内した。

改造のための補助金が出た

木炭自動車はその名のとおり、木炭を燃料にして走る車だった。

ガソリン車は気化したガソリンと空気で爆発を起こしてシリンダーを動かすが、木炭自動車は気化したガソリンの代わりに木炭が不完全燃焼した時に出る**木炭ガス**（一酸化炭素）で爆発を起こす。

そのため、ストーブのような木炭ガス発生装置を車につけて走ることになる。トラックならそのまま荷台に乗せられるが、バスには装置を乗せるための台を車体の後ろに取り付けた。タクシーや自家用車などのセダンは、トランクルームの中に取り付けられていた。

商工省燃料局が木炭ガス発生装置の取付費として1台あたり300円、今でいえば100万円ほどの**補助金**を出したため、ガソリン車はどんどん木炭自動車に改造されていったのである。

有毒ガスのせいで死亡者が出る

木炭車は、ガソリンがなくてもガスを発生させれば車は走ることを証明した代用燃料車だった。

ただその使い勝手はというと、お世辞にも良いとは言えなかったようだ。

まず、**エンジンをかけるのに時間がかかる**。木炭に火をつけて一酸化炭素を発生させてからようやくエンジンスタートとなるのだが、その間、5～10分はかかった。

また、ガソリンに比べて熱量が少ないためにエンストすることも多く、とくにバスは上り坂ではかなりのノロノロ運転になる。そこで、乗客が降りてバスを押すなどという光景も見られたという。

また、**ススが大量に発生する**ので頻繁にメンテナンスしておかなければならないという欠点もあった。

それに、当時の車は今のようにカーエアコンなどついていなかったため、トランクルームに木炭ガス発生装置を載せていたタクシーや自家用車の夏の車内は想像を絶する暑さだったにちがいない。

それだけではない。木炭を不完全燃焼させて発生させた一酸化炭素は、いわずと知れた

街にはガソリンスタンドならぬ木炭スタンドが登場した。（1940年頃）

有毒ガスである。ひとつ間違えれば命にもかかわる大事故につながる。

実際、管の継手の部分から漏れた一酸化炭素が車内に充満して、バスの運転手や乗客が**一酸化炭素中毒**になるケースが多発し、**死亡者も出ている**のだ。

しかし、ガソリンがほとんど手に入らなくなってしまったのだからしかたがない。代用燃料車の開発はさらに続いたのである。

戦争が長引いて燃料事情が悪くなるにつれ、薪《たきぎ》を使った薪自動車や石炭自動車も開発されている。薪や石炭なら国内で自給できたので、アメリカの経済封鎖を恐れることはなかったのだ。

そして戦後、燃料の配給制限がなくなると、改造された車はガソリン車に戻され、木炭車はいつの間にか姿を消していったのである。

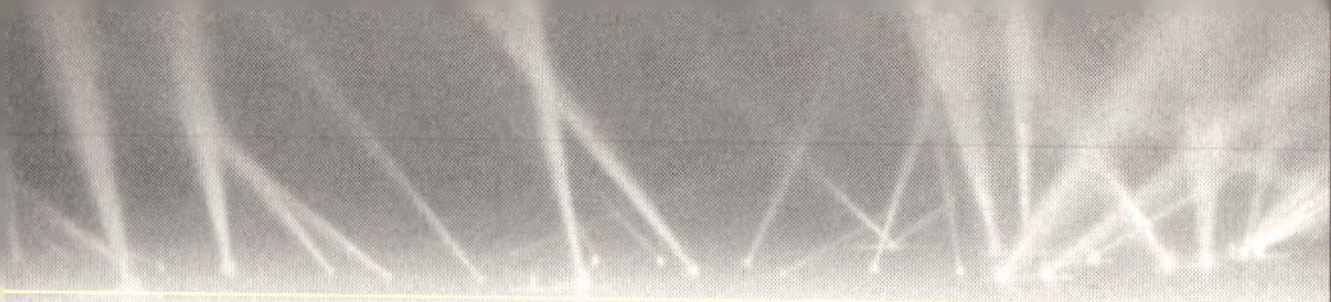

カフェーやビアホールが閉店する

戦前はモダンな店が多かった

昭和初期の夜の社交場といえば、カフェーやビアホールだった。

当時のカフェーは若い女性が食事や酒を給仕する飲食店で、またビアホールは、ドイツ風の店内でビールを中心とした酒やつまみを出すモダンな店だった。

大正モダンや昭和モダンの象徴として人気を集め、このような店は繁華街などに次々とオープンした。

やがて日中戦争が始まると、ますます繁盛した。とくに店内が広かったビアホールは、戦地に出征する人の壮行会の会場としてよく使われたという。

そんなビアホールの様子が「銃後の力の糧！」として紹介されたこともある。**ビールは戦意高揚の戦略物資**ともいわれていたのだ。

そして、国が戦争をしていたとはいえ、市民の生活はまだそれほど窮屈なものではなかったのである。

しかしヨーロッパで第2次世界大戦が始まり、日本にも戦争の足音が忍び寄ってくると、〝力の糧〟などとも言っていられなくなる。

左:戦前のカフェーの様子。当時のカフェーは現在のものとは違い、ビールなどを出していた。（1932年頃）

ダンスホールも閉鎖を余儀なくされた。写真は最後の営業日の様子。（1940年）

かわって登場した国民酒場

都市部では**ビールの配給**が始まり、生活のすべてにおいて質素倹約が求められるようになった。そのため、飲食店で酒を出すことは禁じられ、ビアホールでも昼間はビールが出せなくなった。

　さらに、アメリカとの太平洋戦争に突入すると、「ぜいたくは敵だ」というスローガンにがんじがらめにされ、ビールの**販売量が制限される**ようになる。

　これは、単に酒を飲むことが不謹慎というわけではなく、食糧事情が悪くなるなか、日本酒の原料である米はもちろん、ビールづくりに欠かせない大麦が不足したことも理由のひとつだった。

　そんな状況下で、戦前には東京だけで8000軒あったカフェーが次々に閉店し、ビアホールも全国で50軒ほどにまで減ってしまったのである。

　終戦の前年には、一部の大衆食堂などを除いて酒を出す店がほとんど閉鎖されている。

　とはいえ、外でまったく酒が飲めなくなったのかというとそうではなかった。都市部には**「国民酒場」**なる大衆酒場が登場したのだ。

　これは、一般勤労者用にと大蔵省（現財務省）が回した酒を売る店で、店先で券を買うと1人につき日本酒1合、もしくは瓶ビール1本と交換できた。

「享楽追放」ばかりでは人々に不満が溜まる。国はガス抜きのために国民酒場をもうけ、そして人々は列をなして酒を求めたのだった。

左：大阪に出現した、トタンで囲われた喫茶店。（1945年）

右：バーやカフェーにかわって誕生した「国民酒場」は人々で賑わった。（1944年）

屋根の上でつくられていたかぼちゃ

土地がないから屋根の上でつくる

「何がなんでもかぼちゃを作れ　必勝食糧絶対確保」

これは、東京都が出した戦時中のスローガンである。食糧不足が深刻になってくると、国をあげてかぼちゃの栽培が奨励されたのだ。

かぼちゃはニンジンやゴボウといった根菜のように土を深く耕す必要がなく、荒地であっても簡単に栽培できる。

大がかりな農機具もいらないうえ、力仕事も必要ないから、女性ばかりが留守を預かる家庭でもつくれたのだ。しかも、夏に収穫したら冬まで保存がきくという利点もあった。

また、かぼちゃは狭い土地でも栽培できたので家の軒下にも植えられた。ツルをはわせるスペースがない時には、**竹竿を屋根に立てかけてツルを誘導した。**

たくましいかぼちゃは、どんどんツルを伸ばしていって、やがて屋根の上まで葉っぱが生い茂るようになる。すると、そこに花が咲き、屋根の上に立派なかぼちゃの実がなるのだった。

食べたのは実の部分だけではなかった。茎

屋根の上でかぼちゃの収穫をする男性（1944年）

は煮て食べ、葉っぱは火であぶって乾燥させ、もんでパラパラにしてふりかけ代わりにしたという。

甲子園球場もサツマイモ畑になった

空いている土地があれば作物をつくることを徹底したのは政府だった。空き地利用を閣議決定したのだ。公園や運動場、河川敷、堤防、ゴルフ場も畑になった。

かぼちゃのほかにも、つくりやすくて腹持ちがよく、日持ちもする**サツマイモ**もよくつくられていた。あの**甲子園球場の内野**にさえサツマイモが植わっており、東京の井の頭公園でもイモが栽培されていた。

食べ物に恵まれていた農村の子供

戦争が長引くことで生まれた差

昭和のはじめ頃、日本には欧米のモダンな文化が流れ込んできた。

その影響で、女性も男性も洋装で着飾って、洋食レストランでオムライスやカツカレーなどを食べた。お子様ランチなども登場した。

そんな文化的な環境の中で育った都会の子供たちは栄養状態もよかった。

一方で、農村の子供たちはコメと野菜の食事が中心だったので、戦争が始まるまでは都会の子供よりも身長や体重が下回っていた。

しかし、戦争が長引いてくると都会の食糧不足が深刻化してくる。

農村では作物をつくって種を取り、また翌年に植えつけて食糧を**自給自足**することができたが、食糧を店で買って調達していた都会ではそうはいかない。

食品店では売るものがなくなり、やがて国からの配給制になったが、それもだんだんとわずかな量になっていく。

戦争末期の都会では空爆の恐怖とともに、大人も子供も**飢えの苦しみ**を味わっていたのだ。

千葉から送られたサツマイモを掲げてみせる東京の子供たち

地方の子のほうが発育が良かった

地方の農村は、都会に比べて戦争の緊迫感は薄く、食生活にも余裕があった。

もちろん、男性が兵隊として戦場に送られたことで子供も農作業を手伝ったが、空襲警報に怯え、ひもじい思いをしながら毎日を過ごす都会の子供に比べると、田舎の子供たちははるかにのんびりしていたといえる。

そんな暮らし向きの差は発育状況に表れた。終戦の翌年のデータでは、**田舎の子供より都会の子供のほうが身長や体重の伸び率がだんぜん低かった**のだ。都会での戦時中の生活は、子供たちの成長さえ止めてしまうほど過酷だったのである。

ケシの実を採取していた子供たち

アヘンのための臨時休校があった

戦時中、5月の終わり頃になると、1週間ほど学校がいっせいに休みになる地域があった。

この休みは**「ケシ休み」**といって、国民学校高学年を中心とした子供たちが、ケシの畑で**アヘンを採取するための臨時休校**だった。

アヘンといえば、麻薬であるモルヒネやヘロインの原料である。

モルヒネは強力な鎮痛作用があることから、医療用として現在でも使われているが、多数の負傷者が出る戦争では**軍事物資として欠かせないもの**だった。

アヘンは、ケシの花が散った後にできる、いわゆる〝ケシ坊主〟から採れる。

このケシ坊主に切れ目を入れてしばらくおいておくと、液体がにじみ出てくる。これをヘラで取って集めていくのだ。〝モルヒネ取り〟ともいわれていた。

ケシの栽培は明治時代から大阪や和歌山で行われていたが、日中戦争が始まると医療用モルヒネが大量に必要になり、インドやトルコなどから原料用のアヘンを輸入していた。

農学校のアヘン採取実習の風景と思われる光景（倉橋正直著『日本の阿片王』より）

だが、太平洋戦争に突入すると輸入が途絶える。そこで厚生省が**ケシ栽培の全国展開**を打ち出し、ケシの増産が始まったのだ。

栽培の場所は荒地や工場用地

とはいえ、食糧不足で家の庭先さえ畑にして野菜を育てていた時代に、厚生省も農地を強制的にケシ畑にせよとは言えなかった。

しかも、農林省が食糧増産の方針を打ち出していたため、農地でケシを育てることに難色を示していたという事情もあった。

そこでケシ畑となったのは、荒地や工場用地、学校の敷地などだった。また、空き地と労働力さえあれば、全国どこでもケシを植えるように推奨された。

愛知県のある女学校では、400人の生徒と教師が荒地を開墾してケシの種をまき、草引きをして世話をしており、このことは当時の新聞に掲載されている。

学生だけでなく、公務員や勤め人、商人など**農民以外は勤労奉仕としてケシ栽培に駆り出された**のだ。

アヘンの収穫期にあたる5月の終わり頃には、国民学校の高学年の子供たちも参加してアヘンの採取が行われた。

そうして集められたアヘンは、乾燥させて粉末にした状態で内務省に納められた。

そして、その多くが製薬会社にわたって医療用のモルヒネになったのだが、一部は戦費調達のために麻薬として販売されたともいわれている。

苦しみと楽しみの両方があった収穫

しかし、なんといっても採取するのは麻薬の成分が含まれるアヘンである。そのため、**さまざまな体調不良を訴える子供**もいた。

アヘンが取れるケシは背たけが1メートル以上に成長するので、背の低い子供の場合、ケシ坊主の畑に埋もれてしまい、作業中は呼吸をすると強烈な刺激臭を嗅ぎ続けることになる。

すると、**口の中が苦くなり、頭痛がしたり、頭がボーッとなる**という症状が出たという。

それでも子供たちはそれなりに収穫を楽しんでいたようだ。

ケシ坊主に切れ目を入れるのは早朝でなけ

ケシの採取をする女学生たち（「中部日本新聞尾張版・1943年6月8日より）

ればならなかったので、作業はまだ陽が昇らないうちから始まった。

早朝の4時に朝ご飯を食べて畑に出ていくという毎日だったが、収穫が終われば**親からおこづかいをもらえたりもした**。そのお金を握りしめて、町へ買い物に行くのが楽しみだったという。

ケシ栽培の裏事情を知らない子供たちにとっては、イベントのひとつにすぎなかったのかもしれない。

だが、戦後になるとＧＨＱによってケシ栽培が禁止され、「あへん法」によってケシの栽培やアヘンの所持などは厳しく取り締まられることになる。

こうして、春先にいっせいに花を咲かせていた広大なケシ畑はすっかり消えてしまったのである。

街角に貼られたポスター

画家が描いたプロパガンダポスター

特定の思想や行動に誘導するような宣伝行為のことを**「プロパガンダ」**という。

太平洋戦争中の日本でもプロパガンダが行われており、その目的は戦争礼賛や鬼畜米英という思想を人々に植えつけることだった。

プロパガンダにはさまざまな手法があるが、街中に貼られるポスターもそのひとつだ。

戦時中にはたくさんのポスターがつくられ、戦意高揚や銃後の備えについて人々に訴えかけた。

現在、目にすることができる当時のポスターは図案も凝っており、完成度も高い。

作風は洋画、日本画とさまざまだが、どれもかなり力を入れて描かれていたことが想像される。

ポスターを描いたのは、当時活躍していた**画家**たちだ。

画家という職業は、当時人々に「高等遊民」というイメージでとらえられていたのだが、彼らが国策のためにポスターを描くことで挙国一致の戦時体制を示すことができ、軍部にとっては二重の宣伝効果があったという。

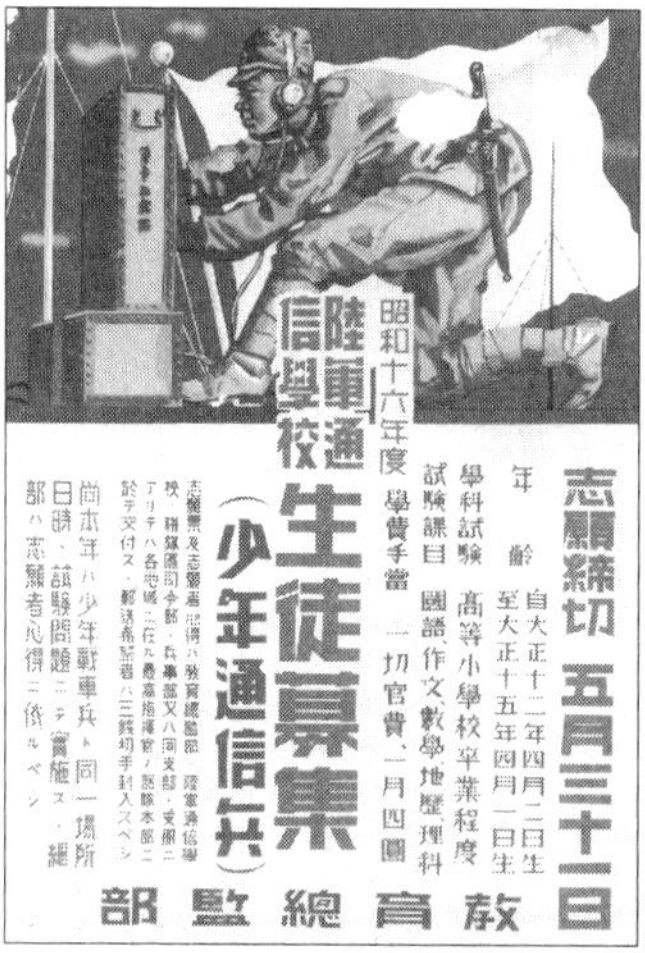

左上:陸軍通信学校の生徒募集ポスター
上:海軍甲種飛行予科練習生の募集ポスター

左:岸信男による大蔵省・内務相のポスター

戦意高揚のためのポスター

なかでも数多くつくられたのは、**戦意発揚のためのスローガン**を掲げたポスターだった。「戦ひ抜かう大東亜戦」「勝って兜の緒を締めよ」「進め一億火の玉だ！」「この感激を増産へ」などの文句が書かれたポスターが、大政翼賛会や内閣情報局によって作成された。

また、国民の銃後の備えとして、**健康増進**についてもポスターで奨励された。体操が奨励され、栄養補助剤を取り、強く強靭な肉体をつくること、女性は健康な子供を産むことが「健民運動」の名のもとに期待されたのだ。

これらの点については、戦争中という背景を考えると当然である。

広告からうかがえる戦いの気配

敗戦が濃厚になる戦争後期になるまでは、庶民たちの暮らしぶりは戦前とさほど変わらない部分もあったのだが、日常生活に使われる商品の広告にも、やはり戦争の影がうかがえる。

万年筆には同盟国であったイタリアの首相ムッソリーニの名がつけられ、ティーバッグの広告には「戦時家庭の休息の糧」という文字が踊る。

パッと見ただけなら今とあまり変わらないのだが、キャッチコピーには「戦時中」という時代背景が色濃く映し出されているのである。

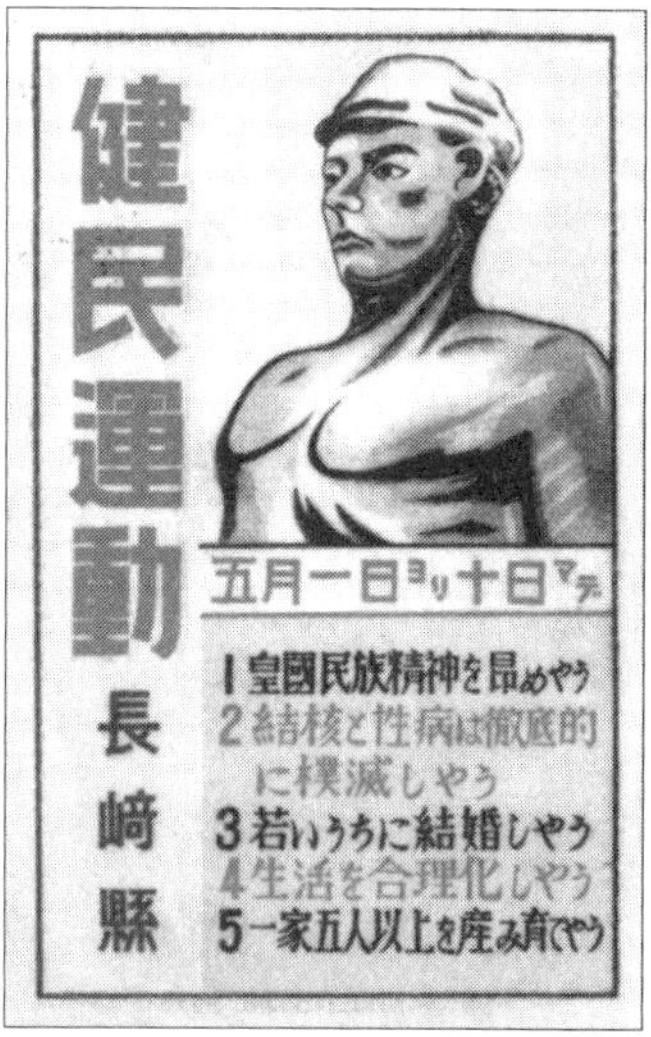

左:かゆみどめの広告に、兵士に送る慰問袋に入れるよう書かれている。(『週刊朝日』1939年4月23日号より)
上:1942年の「健民運動」ポスター

左上:日東紅茶の広告(『婦人画報』1943年10月号より)
左下:万年筆の広告(『週刊朝日』1942年3月1日号より)

街の中に〝スパイ〟がいた

どこからともなく特高や憲兵が現れる

日本には終戦の翌年まで、戦争のためなら経済や国民生活のすべてを国が統制することができる「国家総動員法」という法律があった。

これはつまり、戦争に勝つために必要であれば国民は国の命令に従わなければならないということだ。

食べ物も自由もなかったこの時代、誰しも不平不満のひとつやふたつは心の中に秘めていたものだが、そんなことを軽々しく口にすればとんでもないことになった。

たとえば、「戦争ヤメロ」と落書きをしたり、私的な手紙に「戦争にはもう飽き飽き」などと書いたのがバレただけで、どこからか**特高や憲兵が現れて連行されてしまう**のだ。それは、たとえ相手が子供であっても容赦はなかったという。

この特高と憲兵は、元来は別個の組織である。

特高とは、内務省直轄の「特別高等警察」のことで、もともとは共産主義者や思想家などを取り締まるためにつくられた。

そして一方の憲兵は陸軍大臣の管轄で、軍

街には、敵である外国のスパイへの注意を呼びかけるポスターが貼られたが、人々が気にしたのはもっと身近な「スパイ」だった。

人の犯罪や軍規違反を取り締まる、いわば〝軍の警察官〟だった。

だが戦争が始まると、特高と憲兵が連絡を取り合い、一般市民にも監視の目を光らせるようになったのだ。

市民に恐れられた憲兵

とくに一般市民から恐れられていたのが、憲兵だった。

軍服を着て四六時中、一般市民の生活全般に目を光らせていて、戦意を喪失させるようなささいな言動をとがめて殴りかかるなど、高圧的な態度で取り締まって人々を震え上がらせた。

これは、軍内警察官という本来の職務を完全に越えていたが、もちろん文句を言えるような相手ではなかった。

態度は威圧的で、**「泣く子も黙る憲兵隊」**といわれて嫌われた。

その徹底した取り締まりぶりは、「銭湯の冗談まで筒抜けになる」といわれたほどだったのだ。

私服を着ていた特高

戦時中を描いたドラマなどでは、家族や友人が戦争への不満を口にすると、「しっ！」と言って黙らせるシーンがよく描かれる。どこで誰が聞いていて、通報されるかわからなかったからだ。

憲兵は軍服を着て記章や腕章をつけていたのでひと目でそれとわかったが、**特高は私服を着て活動していた**ので、**市民にとっては特高のほうがより警戒すべき存在だった。**

軍や天皇、戦争を批判するようなことをしゃべっている人の隣で何くわぬ顔で話を聞いていたかと思うと、突然逮捕することも珍しくなかった。

政府をバカにするようなビラを見つけると、ちょっとしたものでも書いた人物を徹底的に捜査し、犯人を見つけ出すことも行われた。

そして何より特高は超法規的な権限を持っていたので、思想犯などを連行するのに逮捕状の必要がなかった。

しかも**スパイ網を通じて市民を監視**し、盗聴なども行っていた。決定的な理由がなくて

上:「憲兵」と書かれた腕章をした憲兵（1935年）
左:特高による検閲の様子（1938年）

も連行されることもあったので、少しでも疑われるような言動は慎まなければならなかったのだ。

しかも、もし連行されてしまうと**恐ろしい拷問による取り調べ**が待っていたともいわれている。

戦時下という非常事態のなか、一般の人々は感情をあらわにすることも自由に言葉を発することもできず、まさに息を殺すようにして日々を送っていたのである。

戦後、ＧＨＱの指令によって特高や憲兵は廃止されて職を失ったが、特高の中には警察や公安職員として転身した者も多かった。

終戦時に国内外に３万人いた憲兵は一般市民として暮らしたが、戦時中の報復や批判を恐れて憲兵だったことを隠して暮らした者もいたという。

国に細かくアドバイスされた結婚式

国民を増やすためのさまざまな方策

現代においては、結婚や出産をするのもしないのも、きわめて個人的な問題である。だが、戦時中は違っていた。国策として国が結婚や出産を奨励していたのだ。

「産めよ増やせよ」というのは、1941（昭和16）年に閣議決定された「人口政策確立要綱」にもとづいてつくられたスローガンだが、この要綱を見てみると、今なら国民から非難されるであろう内容になっている。

たとえば、「出生の増加は今後の十年間に婚姻年齢を現在に比し概ね三年早むる」と書いてあるが、これは**初婚年齢を3歳若くする**ということだ。

また、「一夫婦の出生数平均五児に達することを目標として」というのは、1組の夫婦間の**子供の数は5人を目標とする**という意味だ。なんと、子供の数の目標まで閣議で決められていたのである。

さらに、20歳以上の女性が働くことはできるだけ抑制し、独身者の税金は重くする。そして、避妊や堕胎は禁止……と、個人の自由もプライバシーもまったく考慮されない内容

当時の結婚式の様子。新婚夫婦は実際の人物だが、奥に座っているように見える親族は絵で描かれたものだ。

になっていたのだ。

簡素が勧められた結納や結婚式

国は10年間をかけて、日本の人口が1億人に達することを目標にしていた。

そのため、子だくさんの家庭には**表彰**をしたり、**物資を優先的に配給**するなどの優遇策をとった。

そして目標を達成するために、公営機関は積極的に結婚の紹介やあっせん、指導を行い、**結婚資金の貸付制度**まで創設するなどの策も盛り込まれていた。

また、当時は国の戦争政策に協力するために国民はできるだけ質素に暮らし、切り詰め

て残ったお金で国債を買うことなどをすすめていた。

そのため、見合いや結婚式もできるだけ倹約するよう、その具体的な内容を記したパンフレットもつくられた。

それによると、見合いの席では関係者はできるだけ**簡素な服装**をするとか、**もてなしは茶菓子程度**にするなど、まるで重箱の隅をつつくような細かいアドバイスまで書いてある。

また、「相性や十二支、日時等の迷信に囚われざること」と書いてあるところにも、見合いをしたらあれこれ注文をつけず、スムーズに結婚してほしいという国の意向が現れている。

さらに、結納や挙式についてはさらに細かい指導があった。

結納は簡素であることはもちろんだが、指輪や袴、帯などの贈り物は全廃し、縁起物である鰹節やするめなどは目録の交換のみにすることとある。つまりは、**現物のやり取りは何もしてはいけない**ということだ。

しかも、挙式や披露宴は神社か家庭で行い、挙式料は20円以下、披露宴は1人5円以下とするというのだ。

引き出物や茶のふるまいは全廃、返礼も全廃、そして新婚旅行も廃止すること……と、とにかく**〝ないない尽くし〟の結婚式が奨励されていた**のである。

ちなみに、1941（昭和16）年当時といえば小学校教員の初任給が50～60円だったので、今の感覚でいえばだいたい10万円くらいで挙式し、披露宴にかかる料理や引き出物などは1人あたり2万5000円以下に抑えるということになる。

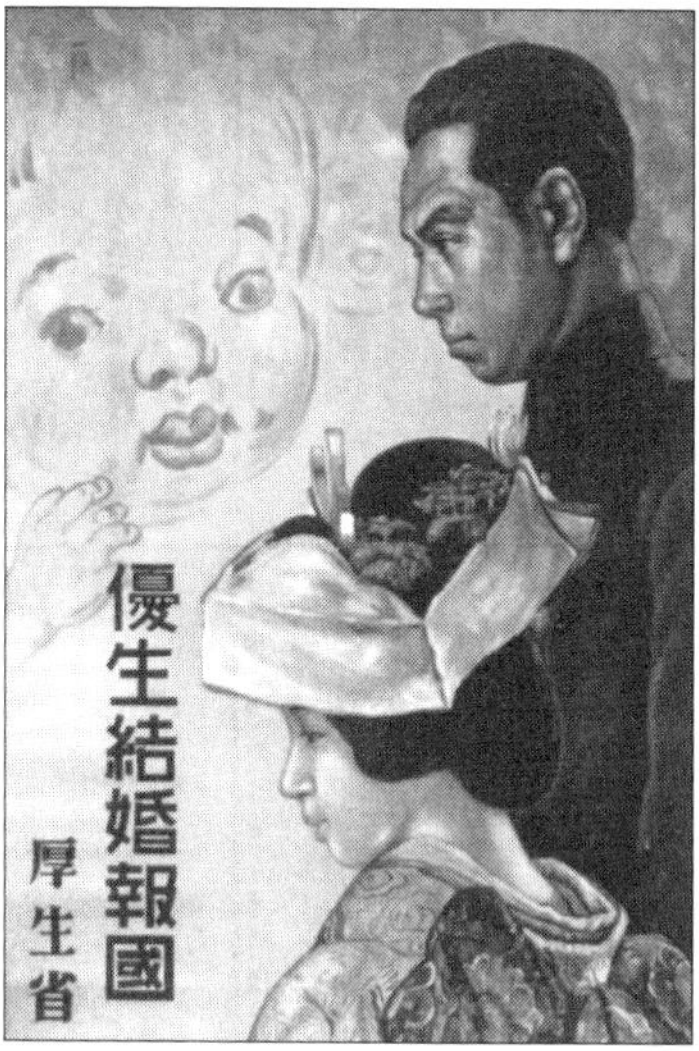

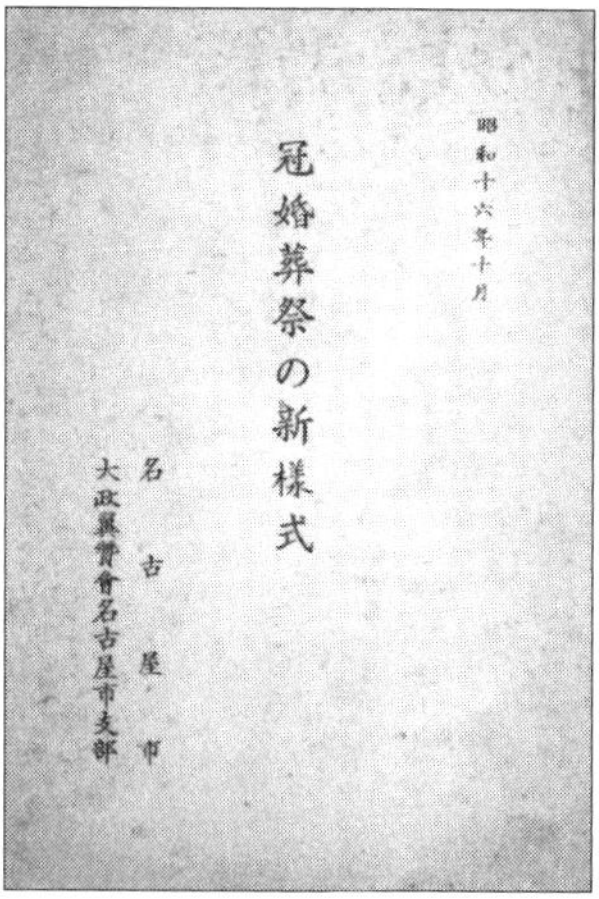

左:結婚を勧めるポスター
上:1941年に発行された結婚に関するシンプルなパンフレット

実際は子供の数は減り気味だった

しかし、出生数を増やしたい国の思惑どおりにことは運ばなかった。人口政策確立要綱が閣議決定した後、戦局は不利になり、**出生数は横ばいか下降気味になった**のだ。

終戦の年とその前後3年間の記録は残っていないのだが、当時の混乱の中で次々に子供が生まれるというのは現実的ではない。

実際、出生数が増えるのは終戦の翌々年からで、この年から3年間は年２７０万人に届きそうなほど爆発的に出生数が増えた。いわゆる**ベビーブーム**である。

戦後には初婚年齢も下がり、人口増にも貢献し、その後の高度成長期を支えたのである。

母子手帳の配布が始まる

戦時中も子供は宝だった

子供を妊娠したことがわかると、自治体から交付されるのが「母子健康手帳」、いわゆる母子手帳だ。

妊婦が健診を受けたり、出産後に子供の予防接種や保健指導を受けたりするのに使われる手帳だが、この制度が始まったのは戦時中の1942（昭和17）年のことだ。

今では母子のすこやかな生活を見守るツールとして活用されているものだが、じつは登場した当初は「生めよ、増やせよ」という**富国強兵のスローガンのもとに考案された手帳**だった。

というのも、戦争に勝つためには次世代の兵士や銃後の守りを増やして国力を強めることが必要で、**人口増加は不可欠**だと考えられたからである。

しかし、当時は慢性的な食糧難で、妊婦はもちろん生まれてきた赤ちゃんの健康状態も良好とはいえなかった。

国の戦力となる子供を死産や早世させてはいけないと、妊産婦への配慮を考えて手帳が誕生したわけだ。

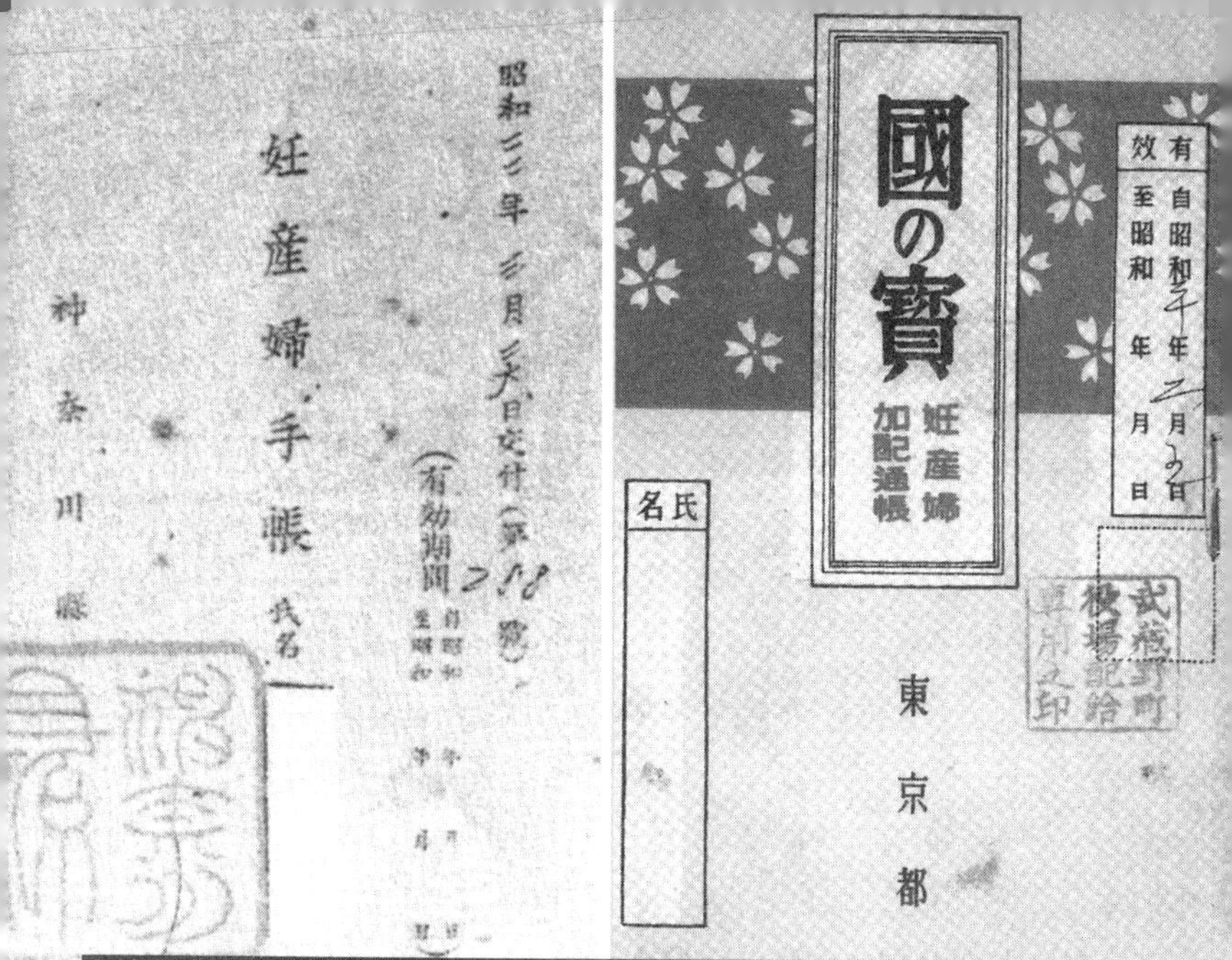

左：初期（1942～1948年）の「妊産婦手帳」　右：特典の「国の宝 妊産婦加配通帳」（1945年）

妊婦には特別な加配があった

当初、**「妊産婦手帳」**という名前で登場したこの手帳は、またたく間に普及した。なぜなら、妊産婦手帳には**「加配」**というおいしいおまけがついていたからだ。

この妊産婦手帳があれば、米が1日350グラム増配になるほか、**砂糖、出産用脱脂綿、腹帯用さらしなどの配給**が受けられるという特典があったのである。物資不足の当時、この加配は妊婦にとって何よりありがたかった。

この手帳は戦後名前を変え、改正を重ねながらも、今も日本の子供の成長を見守り続けている。また、インドネシアやタイなど海外の諸国にもこの制度が普及している。

「誉《ほまれ》の家」となった戦死者の家

戦死者が出たことで〝名誉な家〟になる

1941（昭和16）年、日本の米英への宣戦布告によって太平洋戦争が始まった。だが、だからといって人々の生活が劇的に変わったわけではない。いつものように大人は仕事に行き、子供たちは学校に行ったのだ。

しかし、戦争の気配は徐々に日常に入り込んできていた。

尋常小学校は国民学校、小学生は少国民と言われるようになり、学校に行っても授業時間が減って国のために戦う立派な兵隊になるための教育が行われた。

「大きくなったら軍人になる」と目をキラキラさせる子供も珍しくなかった。当時の男の子にとって、軍人はヒーロー的存在だったのだ。

そして、民家の表札の隣には、いつしか**「誉の家」**と書いた札が掲げられるようになっていった。

「誉の家」とは、その家の家族から戦死者が出たことを示している。つまり、戦争で国のために夫や息子が戦地におもむき、戦死した〝名誉な家〟という意味なのである。

軍神となった兵士の遺族に菓子を渡す東条英機（1942年）

戦地で活躍した功労者は〝**軍神**〟として崇められ、亡くなってから2階級特進といった栄誉を授けられたりもした。

実際の生活は窮屈だった

だが、「誉の家」の札はしだいに**残された遺族を苦しめる**ことになる。

夫や息子を戦死で亡くした女性は、「軍国の妻」や「軍国の母」と呼ばれ、世間からは敬意のまなざしで見られて評判になったが、その一方で一家は窮屈な生活を強いられた。

たとえば、人手の足りなくなった出征兵士の家に国民学校の高学年の子供が農作業奉仕のために来ることがあった。

だが、それだけでは間に合わないため、男手を借りようとすると、周りから「軍国の妻が……」ととがめられる。

だからといって、再婚をしたくてもやはり隣近所から非難されてしまう。

戦争で夫を亡くした妻が自由に再婚できるようになると、夫は安心して国のために死ねない。それは敗戦につながると考えられていたのである。

扶助金の受け取りができない空気があった

日本政府は、太平洋戦争中に戦地で亡くなった軍人や軍属の数は230万人と発表している。

つまり、それと同じ数か、それ以上の軍国の妻や母がいたということである。

しかし、政府や戦争を非難するようなことはふつうの人はもちろん、誉の家の家族は絶対にできなかった。

たとえ家族を戦地にやった国に対して怒りや憎しみを抱いていたとしても、それを表に出すことははばかられる空気が日本中に蔓延していたからだ。

そんな空気に流されてか、戦死者の遺族に支払われる遺族扶助料などの**年金を受け取らないのが〝真の軍国の妻（母）〟という風潮**が生まれた。

「お国のために戦って死んだのだから、お金は受け取りません」と言ったという遺族の話が美談としてもてはやされるようになり、本当は喉から手が出るほど生活に困っているの

左:未亡人のために用意された、現在の職業訓練所のような場所で講習を受ける親子。
右:軍事保護院のポスター（岸信男画）。

に受け取りづらい雰囲気ができてしまったのだ。

こうして世間の目を気にしながら、何とか生き延びてきたにもかかわらず、日本が敗戦して世の中の価値観が180度変わってしまうと、軍国の妻や母と称えられ敬意を払われてきた女性たちは、肩身の狭い思いをすることになる。

日本を占領したGHQが政治と宗教を分離する神道指令を発令し、戦没者家族への恩給も停止してしまったのだ。

そのため一気に生活が困窮し、社会のお荷物扱いをされることになってしまう。幼い子供を育てきれず、身売りに出すこともあったという。

人々は、戦後もGHQの方針や世の中の変化に翻弄され続けたのだ。

処分された動物園の動物たち

動物園から響く謎のうめき声

東京にある上野動物園の近くに住む人たちの間で、**「動物園の様子が変だ」**という噂が流れ始めたのは1943（昭和18）年の夏のことだった。

この頃、上野動物園はどことなくあわただしかったという。

係の人は閉園時間を待たずに、夕方になる前にさっさと門を閉じるようになった。そして、灯火管制のために照明が消され、真っ暗闇になった上野動物園の方面から**不気味なうめき声**が毎夜のように聞こえてくるようになったというのだ。

じつは、このうめき声は殺されていく動物たちの断末魔の声だった。

アメリカ軍の空襲を受けて、動物園から猛獣が逃げ出して市民に危害を加える恐れがあるとして、東京都が**「戦時猛獣処分」**を発令したのである。これを受けて動物たちが次々と殺処分されていったのだ。

動物は危険度の高さに応じて分類され、殺処分されていった。

もっとも危険度が高い第1種のグループに

毒殺された猛獣の慰霊祭。祭壇にはニンジンやジャガイモが供えられた。（1943年）

分けられたのはクマやライオン、ゾウ、トラ、バイソンなどで、第2種にはキリンやワニなどがいた。

おもな処分の方法は毒殺だった。動物園が閉園すると、トラやライオン、ヒョウなどの猛獣には毎日のように**毒を混ぜたエサが与えられた**。

しかし、ゾウだけは毒入りのエサを食べることを拒んだ。

当時、上野動物園にはジョン、花子、トンキーという3頭のゾウがいたのだが、どうしても毒入りのエサを受けつけず、結局3頭は何も食べないまま**餓死**してしまう。

他にもエサを食べようとしなかったクロヒョウはワイヤーで窒息死させられ、もともと生のエサしか食べないニシキヘビは刃物で切断されている。なかには射撃訓練として銃

殺された動物もいた。

だが、上野動物園の園長や職員も国のいうがまま動物に手をかけていたわけではなかった。

力なく食べ物をねだるトンキーにこっそりエサをあげた飼育員や、1頭でもいいから動物を救いたいと**動物の疎開を検討した人もあった**。実際、他の動物園ではゾウをサーカス団に譲ったり、トラを列車で疎開させようとした例もあったのだ。

だがそんな思いもむなしく、9月の終わり頃には猛獣の檻は空っぽになったのだ。

代わりに食糧用の家畜が飼育された

このような戦時の猛獣処分は全国の動物園で行われており、遺体はこっそりと陸軍獣医学校に運ばれたという。

そこで解剖されたあと、臓器はホルマリン標本にされ、**骨格ははく製にして空になった猛獣舎に展示された**のだ。また、殺処分されて食肉にされたり、他の動物のエサとして与えられたりした動物もあったという。

さらに食糧事情が悪化して、動物はおろか人間さえ食べるものがなくなってくると、殺処分されなかったオットセイやチンパンジーは栄養失調で死んでいった。

やがて冬がきて、燃料費の削減から暖房がつけられずに凍死していった動物もいた。

こうして、戦局が悪化するまではにぎやかだった園内は閑散としていき、主がいなくなった檻では**人間の食糧としての家畜が飼育された**のだった。

上野動物園の檻が破壊されて猛獣が脱走したという想定での訓練。参加した30人の係員が代役のヤギを捕獲している。(1939年)

はく製になった動物たち。(1943年)

空襲されても走り続けた列車

戦前は鉄道利用が奨励された

美しい紅葉の風景などのキャンペーン広告を見ると、旅行に出かけたくなったりするものだが、同じような広告戦略は日中戦争が始まった1937（昭和12）年頃にも国によって行われていた。

当時、内閣情報部という組織は『写真週報』というビジュアル雑誌を出しており、そこで列車に乗ってハイキングや登山、海水浴などに出かけることを勧めていたのだ。

これは、国民運動の一環として**積極的に心身を鍛錬することを呼びかけるキャンペーン**でもあった。

明治時代に始まった鉄道建設は国を挙げての一大事業で、ちょうどこの頃には鉄道の利用者も増加の一途で、急行列車の本数も増え、**戦前の鉄道黄金期**を迎えていたのだ。

また、私鉄も「列車に乗って戦勝祈願に行こう」と広告を出して、利用客の拡大を図っていた。

ところが、戦況が激しさを増してくると、国は手のひらを返したように旅客制限を出して**不要不急の旅行を止めるよう呼びかける**よ

空襲後、浅草雷門の地下鉄駅に並んだ人々の列

うになる。

交通手段としての需要は減らない

さすがに戦局が悪化してくると、旅行に行く人は減ったが、鉄道は人々の交通手段としても不可欠だった。

勤労動員のために軍需工場に通ったり、近隣の農村に食糧を買い出しに行ったりと、**戦時中の生活の移動手段**として大いに利用されたのだ。

また、燃料や食糧といった軍需品や兵士の大量輸送ができる鉄道の役割は大きかった。

戦時中はガソリンの消費が統制されたので、自動車や船舶が使えなくなったこともあ

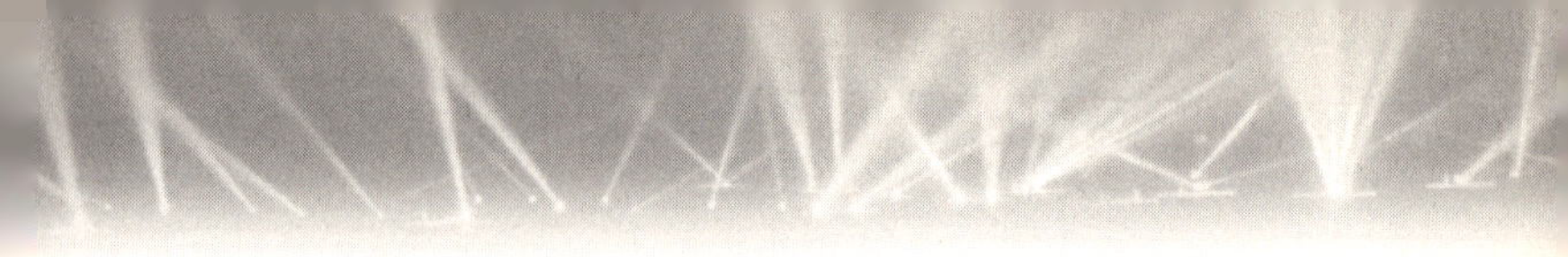

り、輸送用としての鉄道への需要はますます高まった。
　そこで、国鉄はそれまで一部の特権階級が利用していた特急列車や一等車、寝台車、食堂車などをすべて廃止し、軍事輸送を最優先にしたのだ。

東京大空襲の翌日も列車は走った

　もちろん鉄道が重要な役割を担っていることを知っているアメリカ軍は、**鉄道施設や車両にも積極的に空爆した**。

　爆撃機Ｂ29による爆撃で駅舎が焼け落ちたところもあったし、爆風で列車のガラス窓が粉々に割れたりした。

　そのためアメリカ軍は進駐してきた時、日本の鉄道はズタズタになっているものと思っていたらしい。

　おそらく日本の鉄道は全滅しているだろうから、機関車や貨車をフィリピン経由で輸入しようという計画もあったという。

　だが、じつは**東京大急襲の翌日でさえ、東京の鉄道は生きていた**のだ。

　焼け野原に煙が立ち込め、まだところどころに炎が残る惨状だったが、列車はいつものように駅を出発した。

　原爆が投下された広島の路面電車でさえ3日間で一部を復旧させたのだ。

　史上最悪ともいえる大空襲に遭い、物心ともに激しい衝撃を受けたにもかかわらず、人々は必死で日常生活を継続させようとしたのだった。

上:1945年8月の銀座4丁目の風景。空襲の跡地を都電が走っている。(写真提供:毎日新聞社)

左:被爆から3日後に走り出した広島の路面電車。

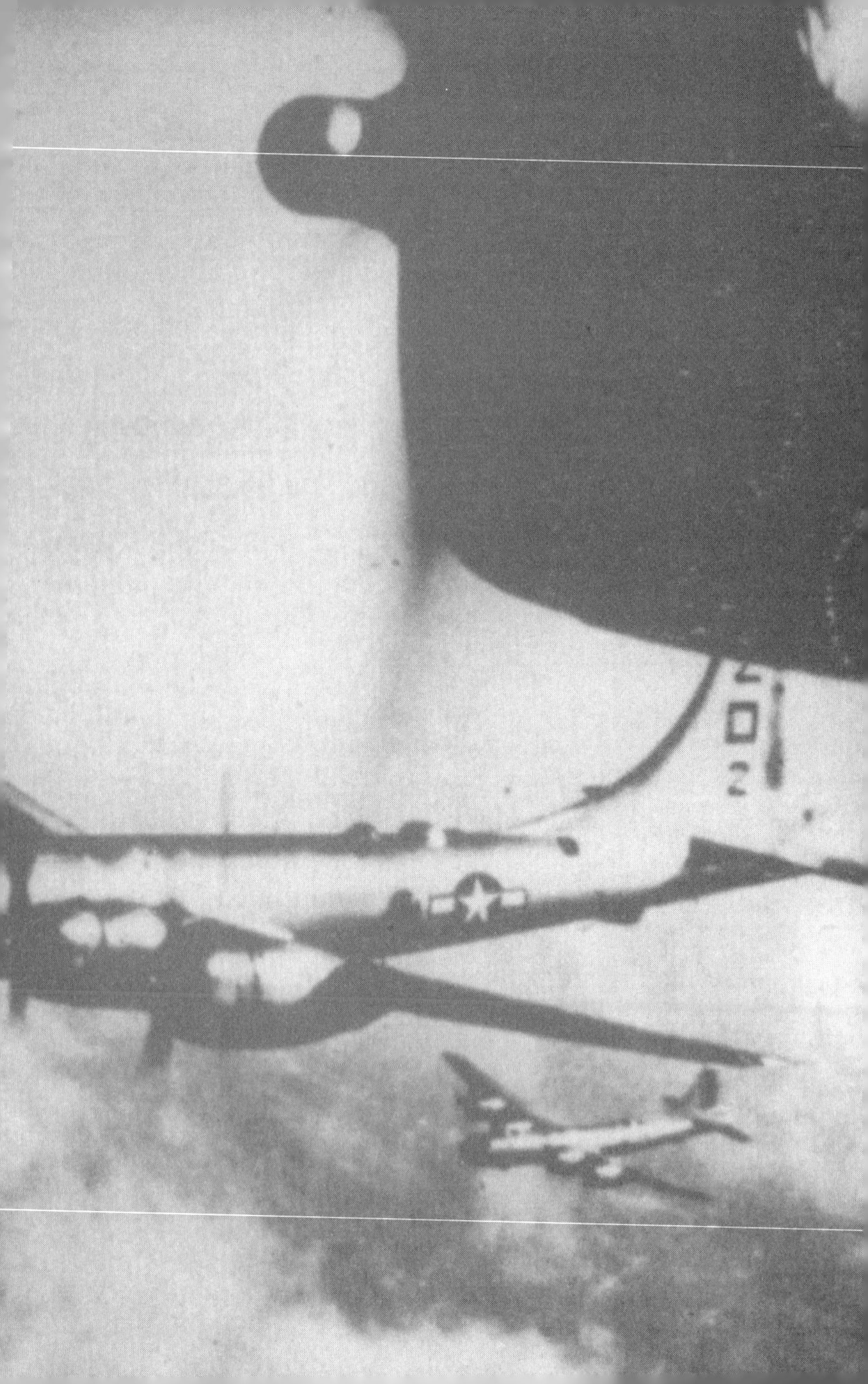

4章　本土決戦の足音

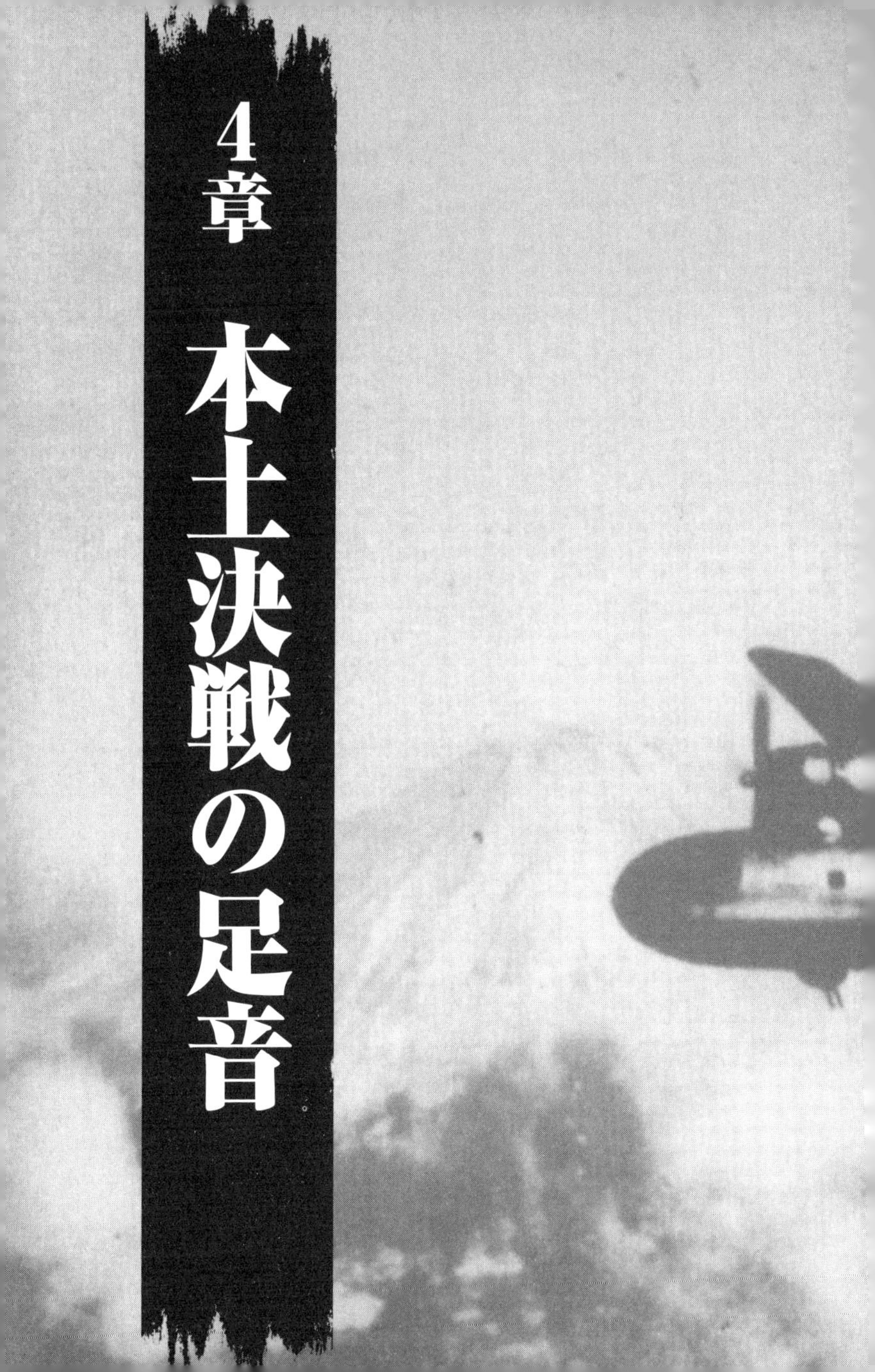

拡大していった徴兵検査の対象

招集の上限が40歳から45歳になる

日本では太平洋戦争が始まる前から男性は20歳になると**徴兵検査**を受け、合格したら兵役に就く決まりになっていた。

ただし、全員が必ず入隊するとは限らず、必要があれば招集されるといった具合だった。

ところが、戦争に突入してからは状況がガラリと変わる。**合格者は次々と戦地へ送り込まれるようになった**のだ。

戦況が悪化するにつれて犠牲者も増え、さらに多くの兵隊が求められた。

また、招集の上限は40歳から45歳へ延長され、健康な青年はほぼすべて徴兵の対象となった。

エリートには特権があった

しかし、20歳を超えても徴兵とは無縁の人もいた。大学など高等教育機関に通う学生たちである。

学生には、満26歳まで兵隊に行かなくてい

大阪の枚方国民学校での徴兵検査の様子。米俵を持ち上げられるかどうかで体力を測る検査があった。（1943年）

いという在学徴集延期臨時特例があったからで、いわば**知的エリートに与えられた特権**だ。

否応なく家族を兵隊に取られる家庭が多いなか、この特権に対する不満がくすぶっていたようだ。

一方、学生の心中も複雑だった。同年代の若者とは違って兵役を免除されている状態に多少の引け目を感じていたのである。

戦況の悪化によって特権が打ち切られる

太平洋戦争の後半、いよいよ兵力が不足した日本は、ついに20歳以上の学生の招集に踏み切った。**「学徒出陣」**がスタートしたのである。

学生にとってこれは大きなショックだった。

ただ、戦況は日々深刻になっていて、遠からず自分たちが持つ特権が打ち切られるだろうことはうすうす察していたようだ。

最初の出征前には大勢の後輩や女生徒が見守るなか、東京の神宮外苑競技場で大々的な壮行会が行われた。

なかには「生きて帰ることを望まず」と叫ぶ学生もいたが、みながみな勇ましく出征していったわけではない。

もちろん、自分が戦うことは国や家族を守ることにつながる。だが、もともと勉強するために進学したのだから、学業を続けていたいのが本音だ。国に命じられたのでしかたなくという消極的な学生も少なくなかった。

のちに**徴兵検査は19歳に引き下げられ**、10万人以上の学徒が出陣したといわれている。

国内で働くのは女性や子供

こうして兵力は大幅にアップしたものの、ここで困った問題が起きた。働き盛りの男性が根こそぎ兵隊に駆り出されたせいで、**国内の労働力が足りなくなってしまった**のだ。

そのため、今度は少年や少女、未婚の女性が働き手として動員された。国に労働を提供する**勤労奉仕が義務づけられた**のである。

しだいに勉強時間よりも働く時間が長くなっていき、深夜の労働も行われた。学校そのものが軍需工場へと変わったところもある。

もっとも、勉強が苦手な生徒にとっては、けっして楽ではないが勉強をしなくてすむ時間ということで、うれしかったようである。

左:東京帝国大学で開催された壮行会。この時、約4000人が送られた。(1943年)

上:勤労奉仕の内容はさまざまで、なかには郵便配達をする子供もいた。
左:稲刈りの勤労奉仕の途中、一息つく少年たち。机に向かうより体を動かしたほうが楽しい子供もいた。(1943年)

軍事教練を受けていた人々の本音

学校活動が体の鍛錬中心になる

戦争は人々の暮らしのあらゆる部分に影響を及ぼした。それは子供たちの学校生活も例外ではなかった。

それまで通っていた尋常小学校が国民学校に変わり、学校全体が**軍事色を強めていった**のだ。

挨拶のしかたから歩き方まで軍隊式が取り入れられ、一般科目の授業がどんどん減っていった。

その代わりに増えたのが、体操や武道を学ぶ**体練**と**軍事教練**である。軍事教練とは兵隊になる訓練のことだ。

すでに大正時代から中学校以上には軍事教練の授業があった。それが太平洋戦争が始まると、必須科目となっている。

戦争が長引くにつれ兵力が不足したため、軍としては1日でも早く、1人でも多くの兵隊がほしかったのである。**即戦力となる人材**を育てるため、軍事教練が強化されたわけだ。

こうして学校は、軍隊の予備校のような存在へと変わっていくのである。

国民学校高等科や青年学校、中等学校に通

中学生が市街戦演習に参加することもあった。（1940年）

う生徒は本物の銃や刀を使って、**かなり本格的な軍事教練**を行った。

重い銃をかついで長時間の行進をする、実弾を発射する、大声を上げながら突撃する……。学校の授業とは思えないほど、実戦さながらの訓練を繰り返したのである。

運動会の競技種目も変わった

もっと年下の国民学校初等科では、健康な身体づくりをめざした体練が格段に増えた。乾布摩擦や腕を上につき出す天突き体操が日課になったほか、男子には柔道や剣道が、女子には薙刀《なぎなた》の時間が加わっている。

少年飛行兵に憧れる男子たちはこの体練に

励んだ。跳び箱や器械体操などはパイロットに必要な種目である。これらが得意な生徒は友だちからうらやましがられ、ちょっとしたヒーロー気分を味わえたらしい。

また、高い塀を乗り越えたり、敵に見立てたわら人形を竹槍で突き刺すといった軍事教練も行われている。高学年になると、銃剣を使うこともあった。

ちなみに、戦争が始まってからは**運動会の様子も変わってきた**。

手旗信号、前線突破、落下傘部隊、兵糧輸送、敵機砲撃など、戦場での実戦を思わせるような競技が続々と登場したのだ。

時には、運動会用につくった仮の鉄砲を使っての軍事教練や、竹槍でわら人形を突く種目も行われたという。

どこの学校でもこうした競技は好評で、戦争ムードをいっそう盛り上げていったのである。

「綜合武術格闘術」が考案される

太平洋戦争末期、いよいよ本土決戦が現実味を帯びてくると、「一億火の玉」だったスローガンは**「一億玉砕」**に変わった。国民すべてが戦力になることを求められたのである。

とはいえ、国内に残っているのは女性や子供、老人ばかりだ。

上陸してくる敵を迎え撃つには頼りない。国民の戦闘能力をアップする訓練がいろいろ行われたが、**綜合《そうごう》武術格闘術**もそのひとつである。

これは柔道、剣道、空手、槍術といった武

左:福井県の永平寺の雲水たちが軍事教練を受ける様子（1936年）
右:女子青年団による射撃訓練（1942年）

術のエッセンスを集めた格闘術で、もともとは新しいスポーツとして考え出された。

しかし、このワザは**素手で戦える**うえに、**一発で相手を倒すことができる実践的なテクニック**だったのだ。各地の学校や集会所で講習会が開かれ、多くの人々が参加した。

一方、女性たちが手にしたのが竹槍である。軍ですら武器が足りなくなっていたこの時期、とても民間人に回す余裕はなかった。

そこで、どこでも簡単に手に入り、先を尖らせれば即席の武器になる竹が選ばれたわけだ。

ただ、完全武装したアメリカ兵に素手や竹槍で立ち向かえると思っていた人はほとんどいなかっただろう。

訓練を重ねるほど、日本はもはや限界にきていると思い知らされたのだった。

子供の集団疎開で大混乱した人々

疎開にはお金が必要だった

戦争が長びき、戦況が日に日に悪化していくなかで届いたサイパン島が陥落したというニュースは国民に大きな衝撃を与えた。

日本がアメリカ軍の射程内に入り、**本土への空襲**はもはや避けられないと感じたからだ。

そして、その不安は的中してしまう。まず北九州が空襲を受け、東京が標的になるのも時間の問題だった。

当時、親戚や知り合いを頼って地方へ避難する縁故疎開はすでに始まっていたものの、都市部にはまだ多くの子供が残っていた。

子供はこの先大事な戦力となる国の宝である。空襲のターゲットになりやすい都市部に置いておくわけにはいかなかった。

それに、いざ空襲となった時、小さな子供たちが避難や消火の足手まといになる恐れもあった。

そこで、**学童集団疎開**が急ピッチで進められたのだ。国民学校の3年生から6年生（8～12歳くらい）までを対象に、学校単位で地方へ移動させたのである。

本来は希望者が参加するものだったが、ほ

上野駅から疎開先へと出発する子供たち

とんど強制に近かった。ただし、親が生活費の一部を払わなければならないため、**家計が苦しい家の子は残らざるをえなかった**。

こうして全国で数十万人にのぼる子供が、親元を離れて暮らすことになったのである。

厳しい環境に耐えた子供たち

疎開先へ出発する子供を見送る親たちは悲しみに沈んでいた。空襲で命を落とし、これが我が子の見納めになるかもしれないと思うと涙があふれてくる。

しかし、子供のほうははしゃいでいた。列車に乗って遠くまで行くとあって、遠足か修学旅行へ出かけるような気分だったのだ。

疎開した先では寺や旅館、集会所などが新しい住まいになった。都会育ちの子供には見るもの聞くものが新鮮だったが、浮かれ気分はたちまち吹き飛んだ。目の前には**厳しい現実が待ちかまえていた**のである。

まず直面したのが、**空腹**だ。食事の量が少ないうえに肉や魚はほとんど食べられず、みるみるやせ細っていった。

あまりにもお腹がすいて、お手玉の中の小豆まで食べた子もいたという。また衛生状態が悪く、ノミやシラミに悩まされた。

さらに、慣れない集団生活を続けていれば、子供だってストレスが溜まる。気持ちがギスギスして、**ケンカやいじめも増えた**。

それでも、親へ出す手紙には「元気でいます」「楽しく暮らしています」と、明るい話題だけを書いた。

さみしい、帰りたいと思っていても本音を漏らせば親が心配するし、そもそも**気弱な内容を書くことは禁じられていた**のだ。

受け入れる側も大変だった

疎開先の環境はお世辞にも良いとは言い難かった。

たとえば、長野県では食料や生活の状態が悪いとして、**父兄が集団で子供を引き上げる事件**が起きた。

あるいは、面会した我が子のやせた姿に驚き、あわてて連れ帰った親もいる。

とはいえ、受け入れた側にも苦労はあったのだ。

疎開した子供たちが、疎開先である新潟県の子供とともにワラ靴づくりをする様子（1944年）

縁故疎開なら、せいぜい数人くらいですむ。一方、集団疎開は**数十人、100人といった規模で一気に人が増える**。しかも、それが県内に何ヵ所もあるのだから、食料が不足しても無理はなかったのである。

布団や衣類、こまごまとした日用品も足りず、場合によっては寄付を呼びかけた。

集団疎開をめぐっては、ほかにもさまざまな出来事が起きている。

空襲が地方都市へと拡大するにつれ、疎開先を二度、三度と変えなければならない子供たちがいたのだ。

ただ、そんな厳しい環境のなかで**ささやかな友情**も芽生えた。食べ物や手製の小物をプレゼントしてくれる地元の子がいたのだ。疎開児童はそのお返しに学用品を分けたり、歌や踊りを披露してみせたという。

空から降ってきた敵軍のビラ

戦争末期の１９４５（昭和20）年になると、**「日本国民に告ぐ!!」**というタイトルで空襲を予告するビラが爆撃機Ｂ29から日本本土にばら撒かれた。

敵国の宣伝など無視すべきか、それとも忠告に従うべきか、日本人の心は揺れ動いた。

日本人の心を惑わせた紙片

戦争で使われる兵器といえば、真っ先に銃や爆弾を思い浮かべるが、このような人の命を奪う武器だけが兵器というわけではない。

飛行機が登場した第１次世界大戦時のヨーロッパでは、敵兵の戦意を喪失させるための戦略的なビラが空から撒かれたのだが、これも〝兵器〟のひとつだった。

それと同様の**「伝単」**と呼ばれるビラは、太平洋戦争でも大量に撒き散らされた。

アメリカ軍を信じる人が増えていく

アメリカ軍が撒いた空襲予告のビラのひとつには、このように書いてあった。

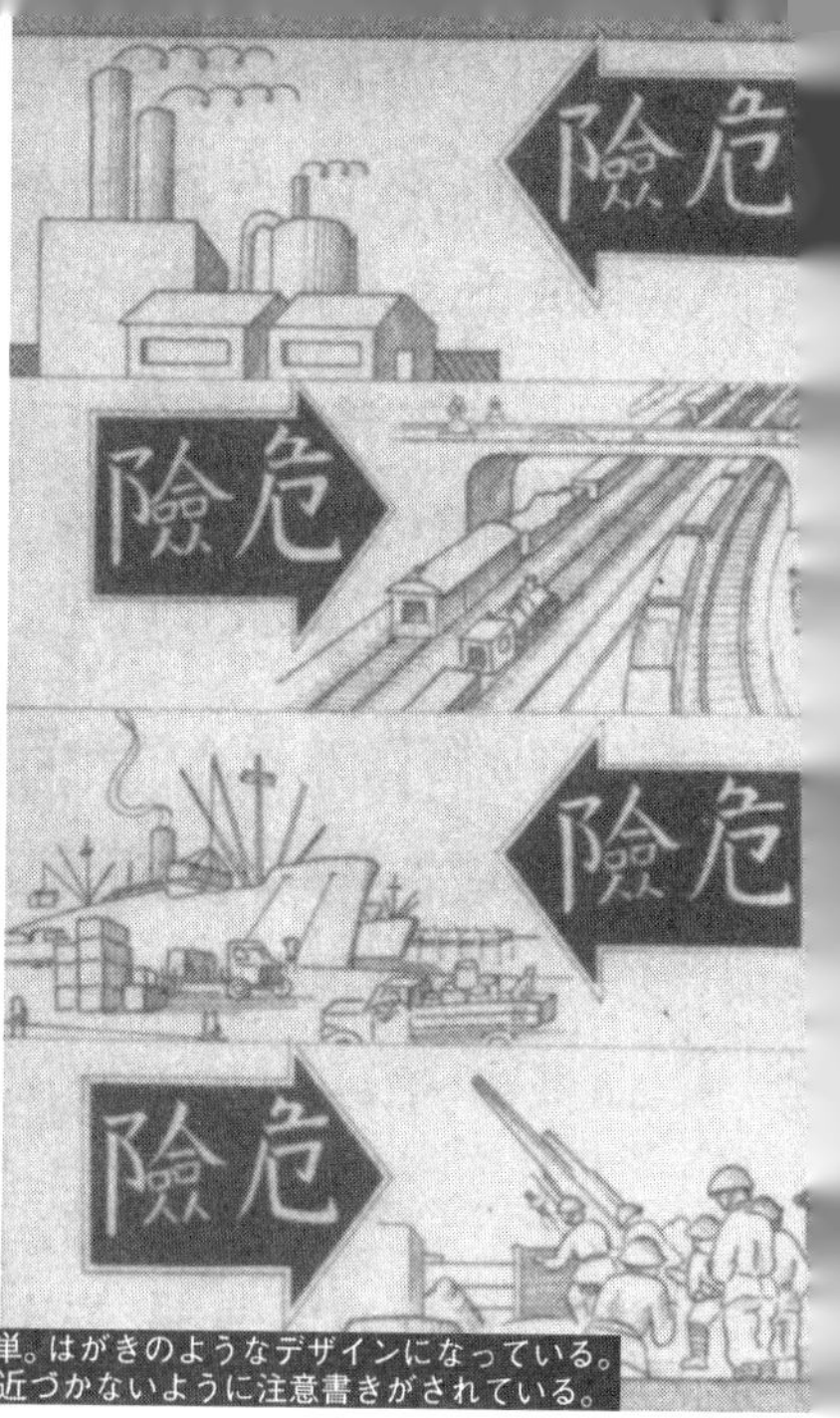

左：アメリカ軍が日本に撒いた伝単。はがきのようなデザインになっている。
右：別の伝単では、危険な場所に近づかないように注意書きがされている。

「（前略）数日の内に裏面の都市の内四つか五の都市にある軍事施設を米空軍は爆撃します

この都市には軍事施設や軍需品を製造する工場があります（中略）

アメリカの敵はあなた方ではありませんあなた方を戦争に引っ張り込んでゐる軍部こそ敵です（中略）

あらかじめ注意しておきますから裏に書いてある都市から避難して下さい」

そして、この**予告どおりにアメリカ軍は空爆をした**のである。

指定された都市に住んでいた人の中には、空爆が始まるという予告を信じて街を出た人もいた。そうして命拾いした人々は、アメリカ軍を敵ながら正直だと感心するようになるのだ。

ドイツが無条件降伏したことや、ソ連が日

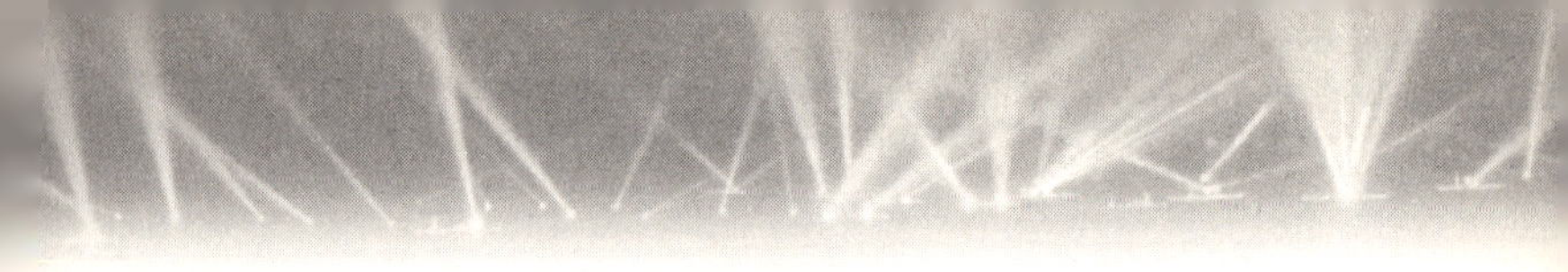

本に宣戦布告したことを書いたビラも空から舞い降りてきた。

市民は、**しだいにアメリカ軍が落としてくるビラの宣伝文句を信じるようになっていく**。心理戦でも、アメリカが一枚上手だったというわけだ。

カラーで寿司を印刷したビラ

激戦地となった太平洋の島々にもさまざまなビラがまかれた。

「ジャングルの日本兵よ、早く降参して出てこい。さもないと三日以内に爆撃で、焼け野原にするぞ」と脅すビラもあれば、「アイ・サレンダー（私は降伏する）」と書かれた紙のすみに**〝武士通行券〟**なるものが印刷されているものもあった。

この通行券を持って両手を上げて連合軍に降伏すれば、武士として食糧や薬を渡すことを保証するというわけだ。

人が人を殺《あや》める戦争でありながら、そのつくりはさながら客を呼び込む優待券のようだったのだ。

人間の胃袋に訴える作戦に出るものもあった。驚かされるのは寿司のビラだ。

本土から食糧が供給されず、太平洋上の島で飢えに苦しんでいた日本兵の頭上に、**色鮮やかなカラーで寿司が印刷されたビラ**が降ってきたのだ。それは、米や魚の食感まで伝わってくるような、じつにリアルなものだった。

もう何年も口にしていない握りや巻き寿司を見せ、日本に帰りたい、早く戦争を終わら

上はアメリカ軍にまかれた伝単で、右が日本軍にまかれた伝単。どちらも兵士の食欲を刺激することで気力をそごうとしている。

せたいと揺さぶる作戦だったのである。

日本軍も似たビラを作っていた

じつは、飢えに苦しむ兵士に祖国の料理を描いたビラを撒く作戦は、日本軍も行っていた。

そのビラには英文で、「日に日に、明らかに食糧が不足していく。乾パンもない。こんなサラダはどうだい？　食事を替えたけりゃ、心を入れ替えればいいんだ」と書かれ、**エビや卵の具をたっぷりのせたおいしそうなパン**が描かれていた。

戦争で殺し合っている相手は、自分たちと同じ心や欲望を持った人間であることを、くしくもビラは物語っていたのである。

一家に一つあった防空壕

あちこちに防空壕がつくられる

日本の本土が初めて空襲を受けたのは、1942（昭和17）年のことだった。

家族を戦地へ送り出す一方、国内の守りも重視され、すでに戦争は誰にとっても身近な存在になっていた。もしも空襲があった時には、どう行動するかというルールも早くから決められていた。

しかし、本気で心配している人はあまりいなかった。戦場となっているのは遠く離れた島や外国だ。まさか日本にまで敵機がやってくることはないだろうと楽観的に考えていたのである。

そうして安心していたところへ、**いきなり爆弾を落とされた**のだから、人々が驚いたのはいうまでもない。

戦闘機はどこにでも飛んでくる。自分が暮らす街が攻撃されたらどうやって身を守ればいいのか。そんな恐怖と焦りから、みながこぞって防空壕をつくるようになった。

やがて**家庭ごとに防空壕を持つことが定められ**、学校や空き地などにもつくられた。大勢の人たちが避難できる巨大な共同防空壕も

畳をめくった床下につくられた防空壕（1944年）

つくられ、至るところに大量の防空壕ができあがったのである。

各家庭の手づくり防空壕

個人の家の防空壕はだいたい深さ1〜2メートルで数人が入れる大きさにし、出口に近い床下か庭につくるケースが多かった。

当時、一般家庭に重機があるはずもないので、もちろん**すべて手作業**だ。シャベルで掘った土をバケツに入れて何回も運び出す。家族全員の力を合わせた大仕事である。

時には地盤が固い、もろい、あるいは地下水が湧き出るなど、トラブルに見舞われることもあった。

そうしてどこの家にも防空壕ができたわけだが、**仕上がり具合は家庭によってずいぶん差があった**ようだ。

凝り性の人は、いくつかの部屋をつくったり、木材やセメントを使って頑丈なつくりにした。立派な防空壕は近所の人が見物に来るほどで、家族にとってはちょっとした自慢だったらしい。

そうかと思えば、簡単に板を張りつけただけの質素な防空壕もある。実際はこちらのタイプのほうが多かった。

一方、子供の目には防空壕が秘密の隠れ家のように見えた。空襲がまだそれほど激しくない頃は、わくわくした気分で出入りする子もいたようだ。

もっとも、空襲が繰り返されるようになると、そんなのんきなことは言っていられない。

防空壕は空襲を避けるための唯一の手段だ。快適とはいえない穴ぐらで、恐怖に震えながら警報の解除を何時間も待ったのである。

防空演習が行われる

防空壕づくりとともに**防空演習**もさかんになった。空襲があった場合を想定した訓練だ。

防空演習はそれまでにも行われていたが、空襲のニュースを聞いたあとは訓練にいっそう熱が入った。

子供たちも学校でさまざまな訓練を受けた。たとえば、手の指で耳、鼻、目を押さえて地面に伏せる。これは爆風をよける姿勢だ。

また、先生が「警戒警報」「空襲警報」と叫

東京・日本橋の隣組運動会で行われたバケツリレーの様子。標的にはアメリカ大統領の似顔絵を使うなどの娯楽的要素を取り入れている。

ぶと、生徒は大急ぎで防空頭巾をかぶり、いっせいに防空壕へと走り込んだ。訓練だからといってふざけたりすれば、容赦なく頭をごつんとやられた。

一方、大人たちは消火訓練に励んだ。**バケツリレー**で水をかけ、火叩きと呼ばれるモップのような道具で火を叩き消す。誰もが真剣に訓練を繰り返した。

当初、焼夷弾の命中率は低く、早めに対応すれば火は消せるといわれていた。そのため、逃げるよりも消火が優先されたのである。

しかし、本格的な空襲が始まった戦争末期、ようやく人々は空襲の本当の恐ろしさを知ることになる。

バケツの水や火叩きは役に立たず、汗水たらしてつくった防空壕が崩れ落ちる光景にみな呆然としたのだった。

建物も「疎開」した

60万戸以上の建物が取り壊された

空襲がもたらす被害のなかで、まず心配されたのは火災だった。木造家屋が密集している日本は、いったん火がつけばたちまち街中に燃え広がってしまうからだ。

そこで、**延焼を食い止める手段**として建物疎開が進められた。移転とは違い、一定区域を更地にして、道路や防火地帯をつくるのだ。早い話が**建物の取り壊し**である。

対象になった地域に住む者は、わずかな立ち退き料と引き換えに我が家を捨て、大急ぎで引っ越さなければならなかった。

取り壊しや後片づけは主に人力が頼りで、一般の人も駆り出された。

空襲で焼けたならしかたがないが、まだ住める家を壊すのである。そこに住む人の気持ちを考えると胸が痛む作業だった。

もっとも、なかにはがれきの山から廃材を拾ってきて、自宅で使うちゃっかり者もいた。あらゆるモノが不足していた時代を生き抜くには、したたかさも必要だったのだ。

ちなみに建物疎開は全国各地で行われ、**60万戸以上が強制的に壊されている**。

東京・向島で行われた建物取り壊しの様子（1944年）

建物疎開中に原爆が落とされる

建物疎開は4回で終わる予定だった。しかし、東京大空襲の被害があまりに大きかったことに驚き、2回追加されている。それが広島市で悲劇を生んだ。

その日、現在の平和大通りあたりで行われた第6次建物疎開に、大勢の国民義勇隊や学徒が参加していた。そこへ、**原爆が落とされた**のである。

作業中の彼らは屋根も壁もない場所で、まさに直撃を受けたのだ。

原爆によって多くの人たちが亡くなったが、そのうちの約8割は建物疎開に動員された人々だったといわれている。

頭上を普通にB29が飛んでいた

日本人を驚かせた巨大なB29

戦況が不利になるなか、本土でも防空演習が強化されたが、最初の空襲から2年ほどは訓練だけですんでいた。

しかし、1944（昭和19）年の秋、「超空の要塞」と呼ばれた**爆撃機B29**がついに日本の上空に現れたのである。

初めてB29を見た人々はまずその大きさに驚いた。**ゼロ戦のおよそ4倍**という、とてつもないサイズだったのだ。

キラキラと銀色に輝く機体に圧倒され、逃げることも忘れて空を見上げてしまう人もいた。

通常、敵機が現れると警戒警報が鳴り、危険が増すと空襲警報に変わる。ところが、B29は巨体に似合わず**スピードが速く、高度も高かった**。

最初に東京で目撃された時は、警戒警報から空襲警報までの間がわずか数分しかなかったともいう。どこからともなく急に現れた――。それが人々の実感だった。

ただし、はじめのうちは単なる偵察だったらしい。攻撃するつもりはないと判断して、警戒警報しか鳴らないケースもあった。

左：上空を見上げる人々（1944 年）　右：東京の上空を飛ぶ B29 の編隊（1945 年）

いずれにしろ、それからは毎日のように**B29が頭の上を飛び交う日々**が始まったのだ。

監視の頼りは人の目と耳

B29が次々と押し寄せたことで、**防空監視《かんし》哨《しょう》**は大忙しになった。

防空監視哨は空を警戒するための拠点で、素早く正確な情報をキャッチするため、24時間体制で敵機の来襲を監視していた。

とはいえ、監視の方法は原始的で、**すべて人間の目や耳が頼り**だった。双眼鏡や肉眼で空を見張り、聴音壕の中で敵機が近づく音を聞いていたのだ。

レンガや石でつくった聴音壕は周囲の雑音

を遮り、爆撃機の音が聞き取りやすいとされた。また、監視を担当した者は**音だけで機種まで聞き分けられるように特訓を受けた。**

そして防空監視哨から機種や機体数、飛行ルートなどが防空司令部に伝えられ、それをもとに各地で警報を出したわけだ。

しかし軍人だけではとても人手が足りず、**地元の青年や女学生も監視にあたった**という。

防空監視哨は全国各地に数十ヵ所つくられているが、なかでも山梨県の大月は重要なポイントだとみなされていた。B29が東京に向かう際は、このあたりを通るコースをとっていたからだ。

だが重要拠点ですら昼は2名が見張り台に立ち、夜は1名が監視、1名が聴音壕に入るといった具合で、現実の監視態勢はかなり貧弱なものだったようだ。

日常のひとコマと化す

人間はどんなことにも慣れる生き物だが、それはB29についても同じだった。

もちろん空襲や機銃掃射は怖いし、命だって惜しい。超低空飛行で頭上をかすめていく時もあれば、目の前で人が倒れるシーンに出くわすことさえある。

それでも頻繁に飛んでこられると、いつしか**日常のひとコマになってしまう。**

B29には、「Bちゃん」や「B公」、「お客様」、「定期便」などと**あだ名がつけられた。**

警報のために授業や勤労動員が切り上げになると、子供たちはちょっぴり感謝を込めてBちゃんと呼んだりもした。命がけの帰り道

東京の日比谷公園で開催された「撃墜機B29展」におしかけた人々（1945年）

が待っていても、早く帰宅できるのはうれしかったのだ。

時には、親子で墜落した機体を見物に行くこともあった。

また、1日に何度も警報が鳴る日々が続けば、みんないい加減疲れてもくる。はじめのうちこそ警戒警報を聞くや否や一目散に防空壕へ駆け込んだのに、空襲警報に切り替わるまでは平然と過ごす人も珍しくなくなっていった。

それどころか、**深夜の警報は無視してそのまま寝ている強者までいたらしい**。たびたび警報でたたき起こされ、まともに眠れない夜も多かったのである。

B29が飛び交う空は、日常のごくありふれた光景と化してしまい、それぞれが自分の勘と運を信じてやり過ごしていたのだ。

5章 幻となった戦争の遺物

戦時中限定の百人一首とかるた

愛国心を軸に再編集された百人一首

１００人の歌人の優れた和歌をひとり一首ずつ選んだ歌集が、百人一首だ。

もっとも有名なのは、鎌倉時代初期に藤原定家が編集した、かるた遊びとしても知られている小倉百人一首だろう。

しかし、戦時中には小倉百人一首とはまた趣の異なる百人一首が新たに選定されていた。

それが**「愛国百人一首」**である。

その名のとおり、**愛国の精神が表現されていることを基準とした百人一首**で、政府や新聞社の協力のもとに当時の有名な歌人たちが編集している。

選ばれたのは、万葉時代から幕末までの和歌のうちで国家への忠誠心や皇室への崇敬がよく表現されているものである。

たとえば、橘《たちばなの》諸兄《もろえ》の「降る雪の白髪までに大君に仕へまつれば貴くもあるか」という歌は、白髪になるまで天皇に仕えるのは尊いことだろうという意味だ。

また、源《みなもとの》致雄《むねお》の「命をば軽きになして武士の道よりおもき道あらめやは」は、人の命は軽く、武士道が何よりも重いと詠《うた》っている。

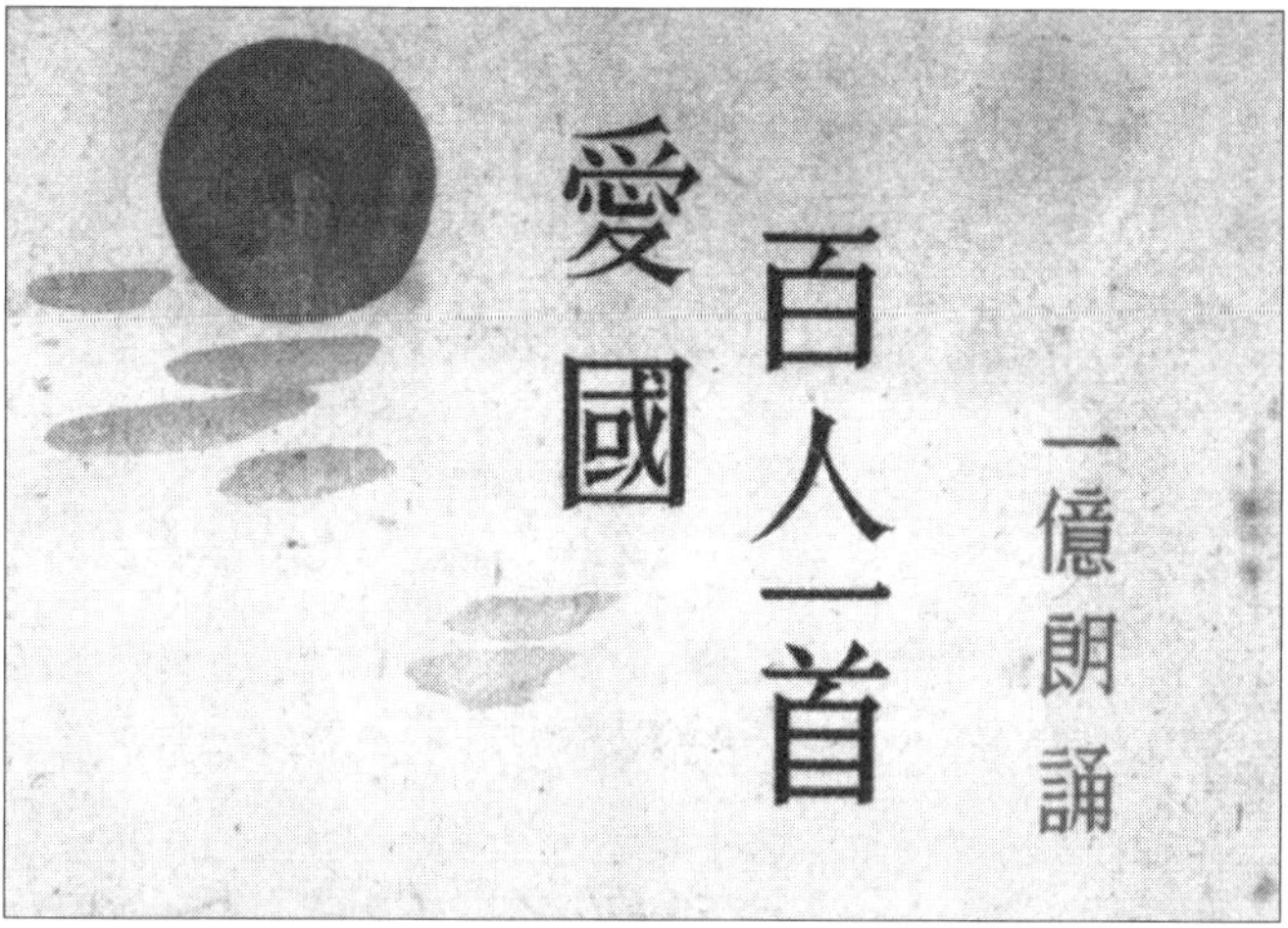

1943年発行「愛国百人一首」冊子の表紙。

愛国百人一首はかるたにもなった。（写真提供:昭和館）

かるたで遊べた期間は短かった

この愛国百人一首はかるたとしても発売され、娯楽が少なかった時代の遊びのひとつとして家族で楽しまれた。

子供たちは「かるたをたくさん取りたい」という思いから和歌を覚えると同時に、国のために命を捨てるという思想を刷り込まれていったのだ。

当時は正月に親族が集まった時に百人一首で遊ぶ家庭も多かったが、愛国百人一首のかるたが発売された１９４３（昭和18）年にはすでに戦争は激化の一途を辿っていた。

結局、終戦までの正月に**このかるたで遊ぶ機会は少なかった**のである。

「愛国いろはかるた」もあった

愛国百人一首のかるたのほかにも、子供向けにさまざまな**「愛国いろはかるた」**がつくられた。

絵札にはカラーでかわいらしい絵が印刷されているが、読み札には「みくにの力」や「神風」など国への奉公や戦意を高めるための言葉が並んでいる。

たとえば、「みんなの貯金がみくにの力」とか、「伊勢の神風 敵国 降伏」といった具合である。

こうしたかるたの句は一般から募集され、当時の小学校にあたる国民学校の児童などからは26万通もの応募があったという。

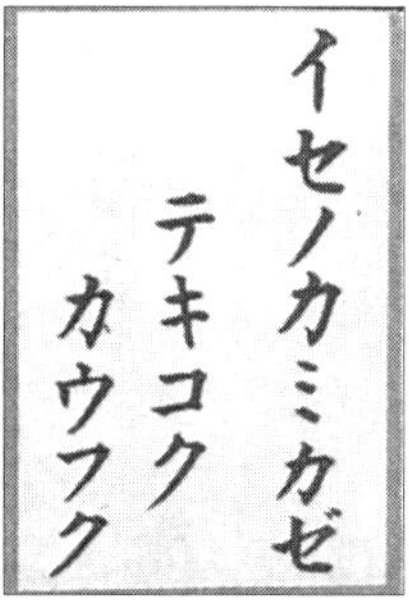

1943年に日本玩具統制協会が発行した愛国いろはかるた。

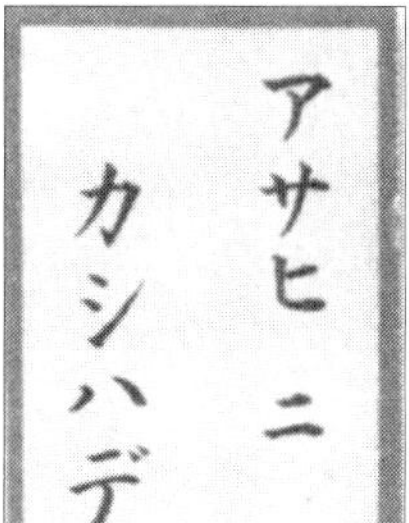

お金で愛国を示した戦時国債

戦時国債の購入が奨励される

戦争には莫大なお金がかかる。しかし潤沢な資金もないまま開戦した日本は、常に戦費の調達に頭を悩ませていた。

軍事費は1941（昭和16）年の段階で125億円以上になっていて、国家の財政の75パーセント以上を占める額に達していた。

そこで、戦時中に大量に発行されたのが国庫債券、いわゆる**「戦時国債」**だった。

国債の購入を勧める『隣組読本 戦費と国債』という当時の冊子を見てみると、国民が国債を買ったお金は「臨時軍事費特別会計」という勘定に入ると書かれている。

そのお金で**飛行機などの兵器や兵士の軍服や食糧がまかなわれ**、日本中で一世帯あたり100円の国債を買えば、飛行機なら1万2000機、小銃弾なら318億発ができるという。そのためにも国債の購入が勧められたのだ。

広告やビラには「胸に愛国 手に国債」「国債でせめて銃後の御奉公」といったコピーが派手に躍り、**国債を購入することは愛国心の証**だとされていたのである。

人々でにぎわう債券・切手などの売り場

国民の貯蓄も戦費になっていた

国債のほかにも、**当時国民が銀行や保険業者に預けていた貯蓄はすべて戦費に回されていた。**

政府は毎年の貯蓄目標額を決めていた。たとえば１９４３（昭和18）年の目標額は２７０億円だった。

だが、この目標は国民にとってかなり厳しい金額だったといえる。なぜならこの数字は、当時の総人口で割って月に換算すると、１人あたり毎月約30円の貯蓄をしないと達成できない計算だったからだ。

ところが、この頃は1カ月１００円前後で生活する世帯が多かった。仮に夫婦ふたりの

世帯で月に60円を国債の購入や貯蓄に回したとしたら、残りは40円になる。それでは生活できるはずがない。

もし政府が推奨するように1世帯ずつ100円の国債を買えば、1ヵ月分の給料がまるまる無くなってしまうことになる。

すでに限界ギリギリの生活をしていた人々にはとうてい無理な目標だったのである。

「一日戦死の日」

そうはいっても、当時の国民は国のためにせっせと国債を買わなくてはいけなかったので、とにもかくにも節約して捻出したお金を国債の購入や貯蓄へと回していた。

それでも国民全体がもうこれ以上は切り詰められないという状況になった時、政府は**「一日戦死の日」**という日まで設定して節約と貯蓄を訴えかけた。

これは一日戦死したつもりで節約し、その日の稼ぎをすべて貯蓄に回せというキャンペーンだ。

当時の国民は「実際に戦地で亡くなった英霊を思えば、一日戦死するつもりになるくらいはしかたがない」と、節約に尽力していたのである。

1938（昭和13）年から終戦までの間で国債の購入や貯蓄に回された額を合わせると、国民1人あたり家を1軒建てられたくらいだという。食べ物にさえろくにありつけない状態のなかで、人々は必死に国債を買っていたのである。

左:小冊子『戦争と国債』は、国債を買えば武器が増えることを説いた。
上:「小供かちどき部隊」の子供たちは、竹筒におこづかいを貯めた。

戦後は紙くず同然になる

戦争が終わると国民は大量に買った国債を解約しようといっせいに押しかけた。

ところが、汗水垂らして購入した戦時国債は、終戦とともにほとんど価値がなくなってしまった。

なぜなら、飛行機や銃弾など戦争にかかわる費用は、消耗はされても利益を生み出すことはない。日本銀行が国債を引き受けるためにどんどん紙幣を刷ったせいで、市中に紙幣が過剰に出回ったのだ。

その結果、**100倍ともいわれる猛烈なインフレーション**が起こり、債券は紙くず同然になってしまったのである。

軍人になるため必要だった徴兵保険

徴兵されるとお金がかかった

現在では、病気やケガへ備えるために生命保険に加入している人も多いだろう。

しかし、戦時中の日本では**「徴兵保険」**という、今では聞き慣れない名前の保険が人気を集めていた。

徴兵保険とは、その名のとおり徴兵されるとその時点で保険金が支払われるというしくみの保険である。

当時、男子は20歳になると兵役に服する義務があった。男子は生まれた時から、いずれは国に徴兵されるという将来が決まっていたわけだ。

そんな徴兵制のもとで庶民の頭を悩ませたのが、**お金の心配**だった。

なぜなら、**徴兵されるとそれなりのお金がかかる**からである。新兵として入営するのにも出征するのにも、さまざまな準備が必要で、そのためにはある程度の資金が必要になってくるのだ。

また、稼ぎ頭になるはずの男子を兵士として国に差し出せば、残された家族はすぐに生活に困窮することにもなる。

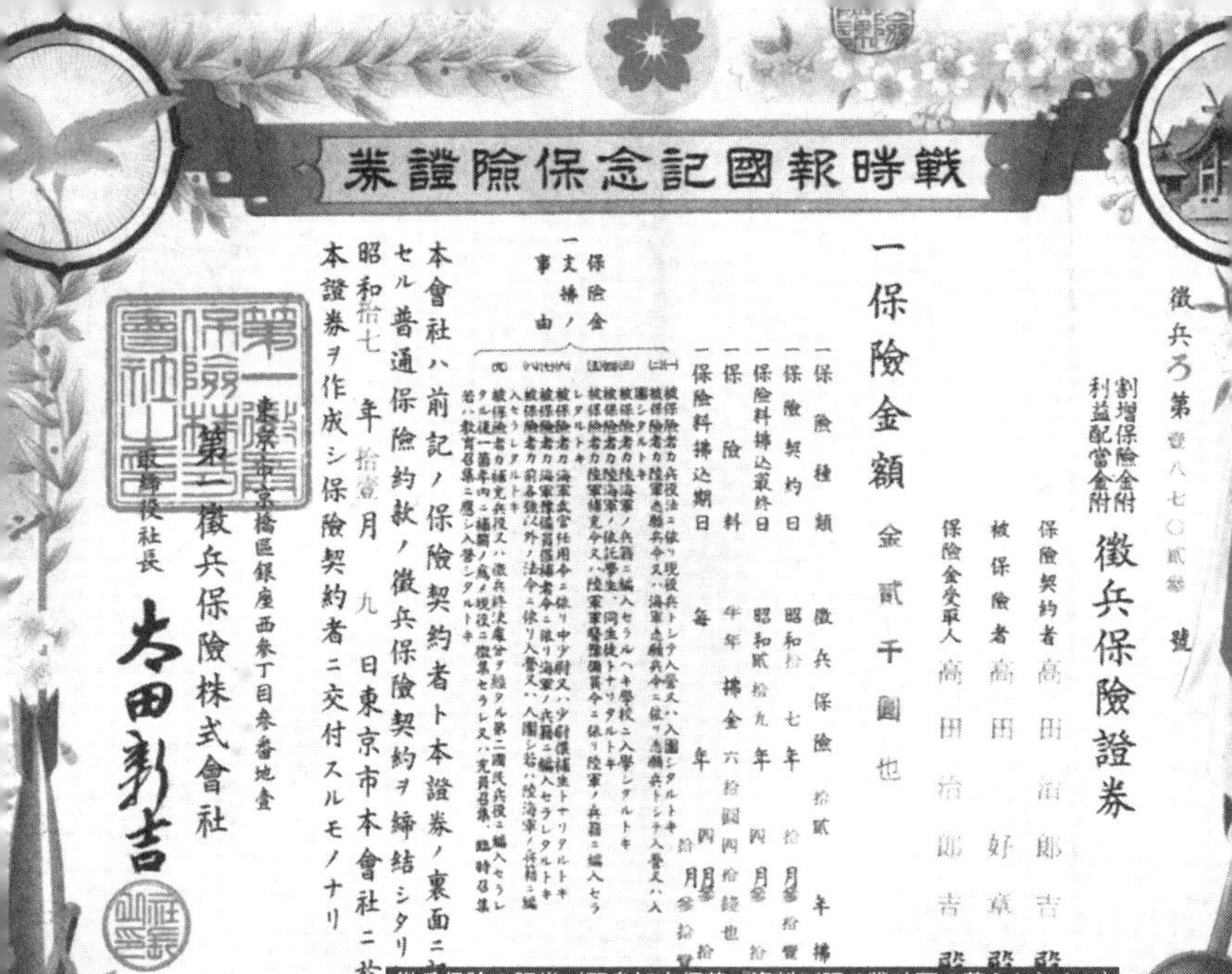

戰時報國記念保險證券

徵兵ろ第壹八七〇貳參號

割増保險金附
利益配當金附
徵兵保險證券

保險契約者　高田治郎吉
被保險者　高田好直
保險金受取人　高田治郎吉

一保險金額　金貳千圓也

一保險種類　徵兵保險　拾貳年拂
一保險契約日　昭和拾七年拾月參拾壹日
一保險料拂込最終日　昭和貳拾九年四月參拾日
一保險料　半年拂金六拾圓四拾錢也
一保險料拂込期日　每年四月拾月參拾日

保險金支拂ノ事由

本會社ハ前記ノ保險契約者ト本證券ノ裏面ニ記載セル普通保險約款ノ徵兵保險契約ヲ締結シタリ
昭和拾七年拾壹月九日東京市本會社ニ於テ本證券ヲ作成シ保險契約者ニ交付スルモノナリ

東京市京橋區銀座西參丁目參番地壹
第一徵兵保險株式會社
取締役社長　太田新吉

徴兵保険の証券（羽島知之編著『資料が語る戦時下の暮らし』より）

その問題を解決したのがこの徴兵保険で、子供が小さい時からコツコツと掛け金を払って、いざ徴兵されたらまとまった保険金を受け取れるというしくみが庶民にウケたのだ。

約30社が販売していた人気商品

戦時中の広告を見ると「おこさま方の徴兵保険」といった宣伝文句とともに、兵隊さんの格好をしてポーズを決めた小さな男の子の絵や写真が載っている。

「徴兵されるのは男子を持った父母の誇りであり、大いなる特権だ」という文章で加入を誘っている徴兵保険会社もある。

当時は、富國徴兵や第一徴兵、第百徴兵な

どの徴兵保険会社が約30社もあり、それぞれが子供をモデルに使ったかわいらしい広告を出し、**巧みな宣伝文句で親心をくすぐっていた**のである。

その保険の内容を見てみると、ある徴兵保険会社の場合では、被保険者は誕生してすぐから10歳までの男子となっていて、一定の掛け金を親が一括か分割で納付する。

やがてその男子が成長して徴兵検査に合格し、現役兵として入営することになると、契約した保険金と配当金が親に支払われるというものだ。

入営ではなく、陸海軍の学校の生徒になった場合などでも、保険金の8割と配当金が支払われることになっていた。

今でいえば、大学へ入学させるための学資保険のような感覚で徴兵保険を利用していたのだろう。

兵士が激増すると保険会社は倒産した

そもそも徴兵保険は1870年代のドイツで発祥し、それが明治時代に日本に入ってきたものだ。

明治時代の徴兵制度は太平洋戦争中とは違って義務ではなく選抜に近い形だったが、就職難の当時、軍人は人気の職業で**徴兵保険は売れ筋商品だった**。

昭和になっても徴兵保険は保険会社の主力商品で、第一徴兵保険や富國徴兵保険は徴兵保険で儲けた利益から靖国神社に神門や燈籠を寄付しているくらいである。

週刊誌に掲載された徴兵保険の広告（ともに『週刊朝日』1942年5月7日号より）

ところが戦争が激化して、**「赤紙」**と呼ばれた臨時召集令状によって徴兵される兵士が急激に増えてくると、徴兵保険会社は多額の保険金の支払いに追われた。

急増する保険金の支払いに対応しきれない徴兵保険会社は次々に倒産していくことになったのだ。**戦争が徴兵保険会社を倒産に追い込んだ**とは、なんとも皮肉な話である。

また、戦後は徴兵制度もなくなったため、残った徴兵保険会社の多くは生命保険会社へと姿を変えている。

たとえば、第一徴兵保険は東邦生命保険（現ジブラルタ生命保険）に、日本徴兵保険は大和生命保険（現プルデンシャル ジブラルタファイナンシャル生命保険）になり、富國徴兵保険は現在の富国生命保険に姿を変え、現代まで続いている。

空母になった民間船

船の不足を補うため客船を改造する

太平洋戦争の開戦時、日本は軍縮条約によって戦艦や空母の保有数を制限されていた。しかし日本軍は戦闘に備え一定数の船数を確保したかった。そこで目をつけたのが、民間の大型客船である。

戦時に海軍が徴用して空母に改造することを条件に、**建造費用の6割を政府が負担して民間に商船を造らせた**のだ。

この建造助成制度を利用した民間の大型客船の出雲丸と橿原丸《かしはらまる》は、開戦前の日米間に不穏な空気が漂いだすと建造の途中で**「隼鷹《じゅんよう》」**と**「飛鷹《ひよう》」**という空母へと改造されている。

さらに、助成を受けていなかった民間の大型客船も続々と空母に改造され、商船を改造した空母は全部で7隻が造られた。

しかし、当初から空母への転換を想定していた隼鷹と飛鷹以外は装備が不十分で、戦闘機の輸送などの任務に回されたのである。

だが、戦闘の装備が備わっていないといっても敵から狙われることに変わりはない。そのため、改造空母は敵襲によって次々と沈没していくことになる。

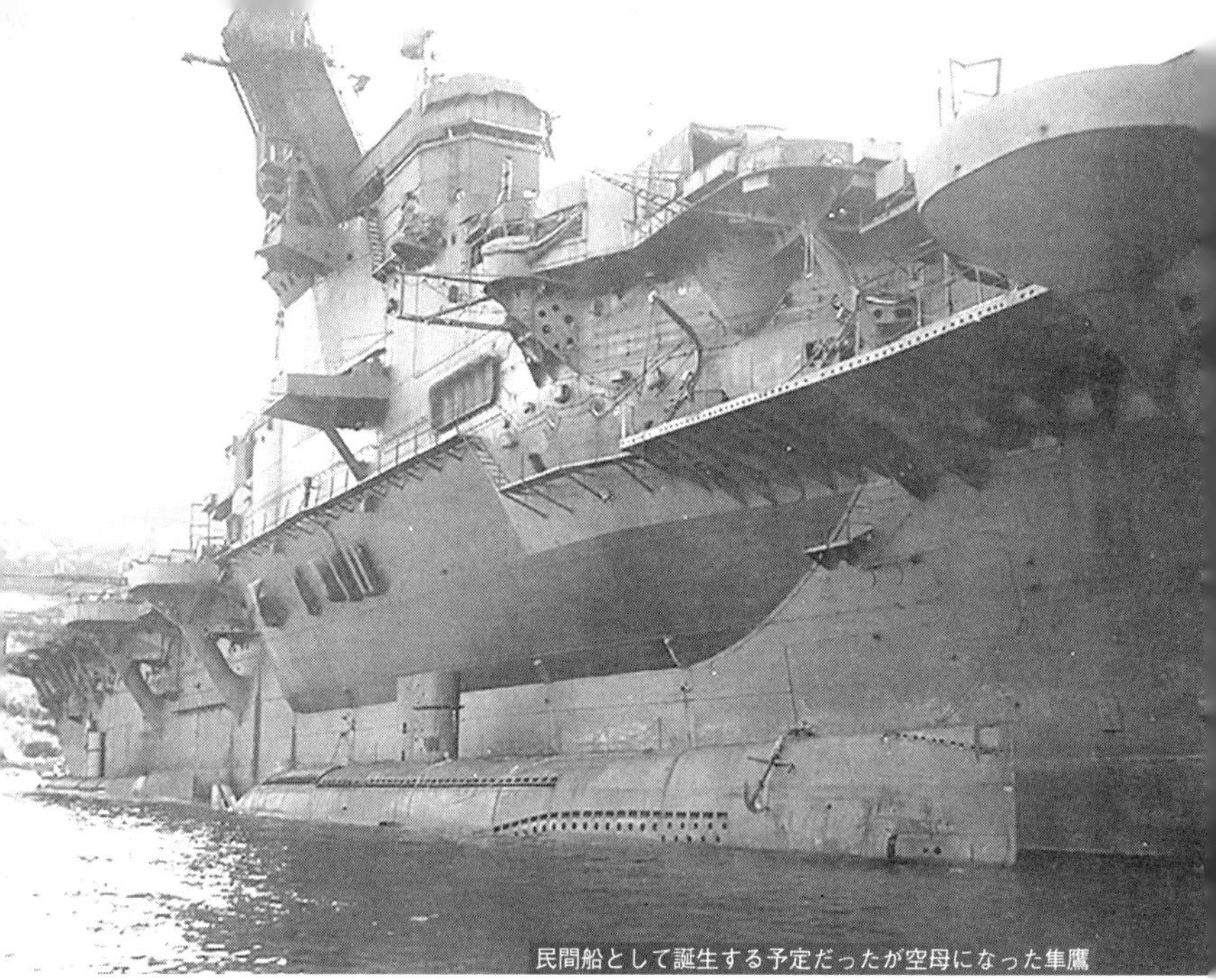
民間船として誕生する予定だったが空母になった隼鷹

約2500隻の民間商船が沈没した

たとえば、大型客船の新田丸を改造した**「冲鷹《ちゅうよう》」**は、横須賀に向けて帰航中にアメリカの潜水艦から魚雷3発を受けて沈没している。乗組員3000人のうち生存者はわずか170人程度だった。

このほかにも、戦争中に軍需輸送のために徴用された民間の商船は、ほとんど丸腰のまま戦地へと向かって次々と敵によって撃沈された。

徴用され沈没した民間の商船は約2500隻になり、**戦死した船員は約6万人**にのぼる。そのうち一般船員の死亡率は4割を超え、海軍の軍人の死亡率の2倍以上だったという。

大災害を報道しなかったメディア

12月7日に起こった大きな地震

戦時中は、どこの国でも自国がダメージを受けた報道は控えめに発表することが多い。国民の戦意が喪失するのを防ぐためだ。

日本も例外ではなく、軍の報道部は国民をマイナス感情に陥らせるニュースを排除した。1944（昭和19）年12月7日に起きたマグニチュード7・9の**東南海地震**も、ほとんど報道されなかったのだ。

紀伊半島沖で起きたこの地震は2011（平成23）年の東日本大震災と同じプレート境界型で、激しい揺れとともに津波が発生した。

三重県尾鷲町（現尾鷲市）には約10メートルの津波が押し寄せ、この地域だけでも約600棟の家が流され、96人の死者が出た。**全体の死者・行方不明者も1223人**という甚大な被害になった。

ところが、翌日に新聞の1面を飾ったのは『一億特攻』『大東亜戦争第四年へ』という見出しだった。地震翌日の12月8日は、日本軍が真珠湾攻撃をしかけた日だったのだ。

地震の記事は中面に小さく載っていたが、「被害が生じたところもある」と記載する程度

1944年、東南海で起こった地震の様子。当時は報道されなかった。

の扱いだった。

その翌月にも愛知県の三河で**阪神・淡路大震災クラスの直下型地震**が起きているのだが、こちらもまったく伝えられなかったのである。

責任者が逮捕されるかもしれない

当時の記者や編集者には、事実を伝えられないことに対するジレンマもあっただろう。

だが、検閲に引っかかれば**責任者が逮捕される**ことも珍しくない時代である。戦争が終わるまでは、おとなしく国に従っておこうという風潮だったのだろう。事実を客観的に伝えることを旨とするメディアも、庶民と同じように毎日を耐え忍んでいたのである。

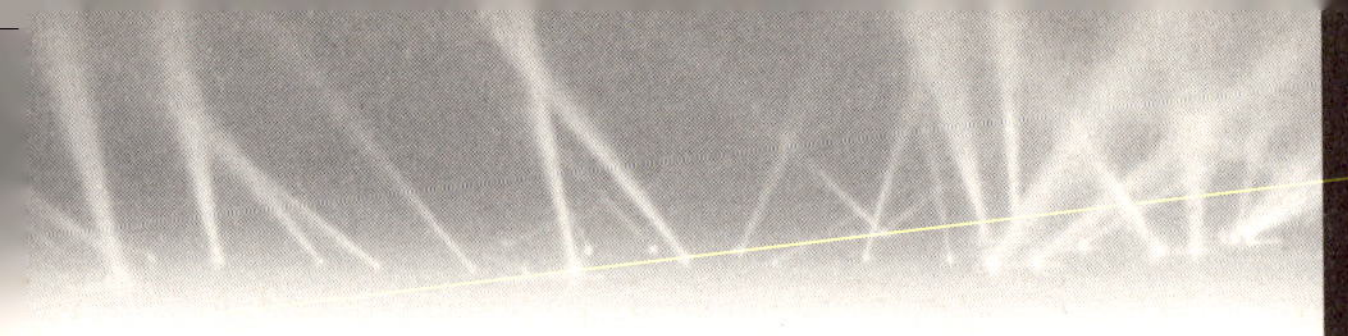

消えた天気予報

天気予報が流れなかった朝

今日の天気や気温はどうだろうかと天気予報をチェックする――これは、おそらく世界の多くの人が何気なくやっている習慣だろう。

だが、ある日突然、その天気予報があらゆるメディアから消えてしまったとしたら……。このようなことが、戦時中の日本では現実に起こったのだ。

まだテレビがなかった当時、ラジオは新聞と並んで重要な情報源だった。家庭ではラジオで戦争の様子を知り、ニュースや天気予報を聞いていた。

しかし、1941（昭和16）年12月8日の朝、いつもならニュースの後に始まる天気予報が流れなかった。

そして、7時になると臨時ニュースが始まって、**日本が米英と戦闘状態に突入したことが伝えられた**のだ。

日本軍がハワイの真珠湾を攻撃して、太平洋戦争が始まったこの日から、終戦までの3年8ヵ月間、ラジオや新聞から天気予報がこつ然と消えてしまったのである。

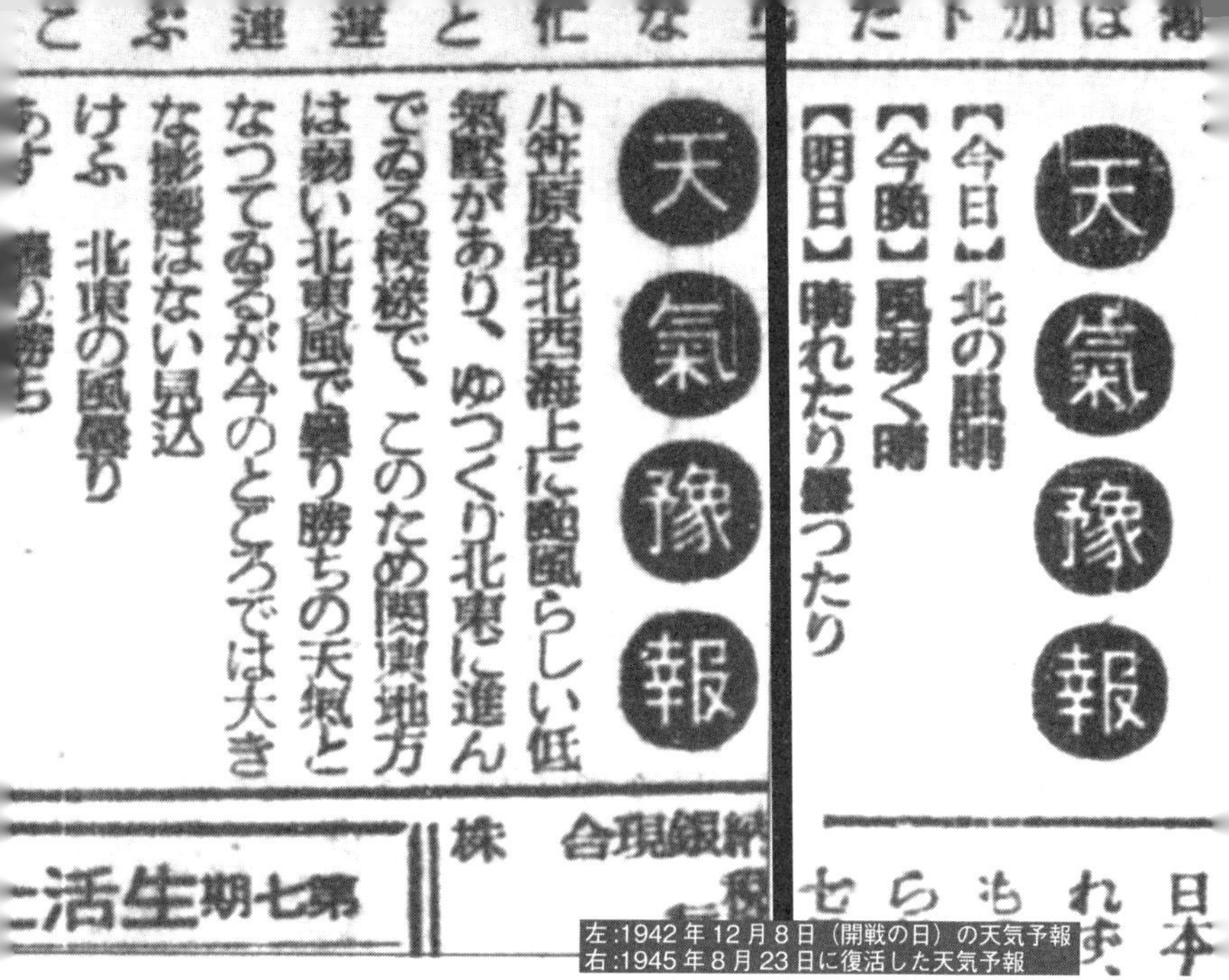
天氣豫報
【今日】北の風晴
【今晩】風弱く晴
【明日】晴れたり曇つたり

天氣豫報
小笠原島北西海上に颱風らしい低氣壓があり、ゆつくり北東に進んでゐる模樣で、このため關東地方は弱い北東風で曇り勝ちの天氣となつてゐるが今のところでは大きな影響はない見込
けふ　北東の風曇り
あす　曇り勝ち

左:1942年12月8日（開戦の日）の天気予報
右:1945年8月23日に復活した天気予報

天候は戦略情報だった

天気予報は、戦争中にあっては、敵の動向を判断したり攻撃をしかけたりする時の重要な**戦略情報**になる。

実際、真珠湾を爆撃した日本軍の飛行機は、ホノルルの放送局から流れてきた天気を知り、爆弾を落とすのに適していると判断している。

そんな軍事機密である自国の天気予報を敵に知られることは、あってはならないことだった。

そこで、真珠湾攻撃が行われた直後に、気象報道管制が実施された。気象台（現気象庁）の気象無線はすべて**暗号化**され、一般向けの天気予報はいっさい発表されなくなったのである。

天気予報がなくなるということは、想像以上の大きな影響を人々に与えた。

とくに、台風が多い夏から秋にかけては、**台風の進路や規模**を事前に知って備えておかなければ大損害をもたらされかねない。

ところが、天気予報がなくなったため、台風が発生したことがわからなくなり、準備のしようもなくなってしまったのである。

心配が現実のものとなったのは、1942（昭和17）年8月27日だった。

発達した台風が日本列島に近づいていたにもかかわらず、**情報がまったくなかった**ため、山口県を中心に**死者・行方不明者1158人**を出す大惨事となったのだ。

さすがにそれ以降は、気象台は暴風が近づいてきたら情報を出すようになった。

とはいえ、新聞などに掲載されたわけではない。

暗号化された台風情報が、被害の恐れがある自治体の警報課に通信網で伝えられ、そこから一般市民に伝えられたのだ。

そのため、人々が得られたのは警戒すべき時期や区域などのわずかな情報だけだった。

気象台勤務者の苦労

天気予報が発表できないのは、気象台の所員にとっても辛いことだったにちがいない。

昔は近所づき合いがさかんで、とくに戦時中は隣近所が一班となり生活を助け合う「隣組」もあったことから、どこの家の誰がどん

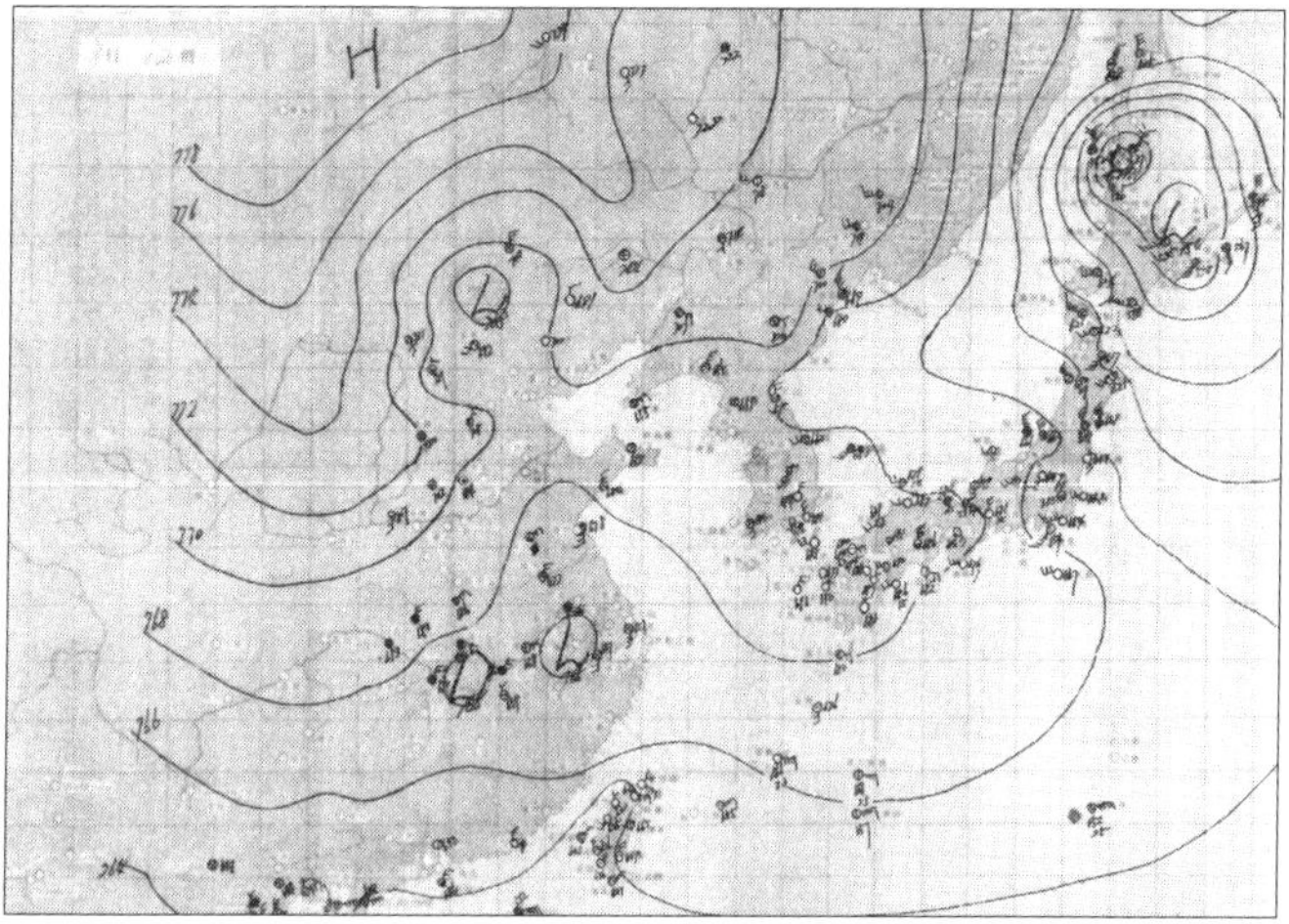

インドシナのサイゴンにあった海軍特別気象班が作成した真珠湾攻撃の日（1941年12月8日）の天気図（記録文集『あおぞら』1号より）

な仕事をしているかなどは知っているのが当たり前だった。

するとと、やはり気象台に勤めているというだけで、**「明日の天気は？」**などと近所の人に気軽に尋ねられたりする。子供たちも、学校行事のある日は晴れるのかどうか心配して聞いてくる。

だが、重要な軍事機密だから漏らすわけにはいかない。一般の会社に勤めている人には想像もできない苦労があっただろう。

気象台に勤務する人々が窮屈な毎日からようやく解放されたのは、１９４５（昭和20）年8月22日のことだった。ＧＨＱによって気象報道管制が解除され、天気予報が再開したのだった。

毎日天気予報を見ることができるのは、じつは平和だからこそなのである。

わざと間違えて描かれていた地図

目的は軍事施設のカモフラージュ

地図は便利だ。はじめて訪れる土地であっても、地図で示されているとおりの道を行けば目的地にたどりつくことができるし、迷ってしまったら目印になる建物などを探せばいい。

だが、緻密につくられていると思われている地図情報が、じつは改ざんされたものだったとしたら……。

ところが、戦時中は地図の改ざんは珍しいことではなかった。

というよりも、敵に詳細な地図を手に入れられてしまうと、地形や地質が知られてしまうだけでなく、**軍事的に重要な施設などがピンポイントで攻撃されてしまう。**

そこで、地図に手を加える**「戦時改描《かいびょう》」**が行われた。

改描を行ったのは、陸軍参謀本部の陸地測量部だ。

現在、日本国内におけるすべての地図の基礎となる地図をつくっている国土地理院の前身である、いわば地図のエキスパートが手がけていたのだ。

左は1932年、右は1941年の地図。中央やや左に位置している貯水場が、右の地図では広場になっている。

島がまるごと消えたケースもあった

敵に破壊されるのを避けたいのは、兵営や飛行場、軍需工場などの軍事施設だけではなかった。

社会インフラである発電所、浄水場、貯水池、道路、港、鉄道操車場などを攻撃されても大打撃となる。

そこで戦時中には全国各地の都市の地図からこれらの表示が消え、代わりに畑や住宅地が描かれた。

飛行場は雑木林、貯水池は芝生地、火薬庫は桑畑などに描き替えられたのだ。

なかには**島ごと消された大久野島**のような例もあった。

瀬戸内海に浮かぶ大久野島は、たしかに存在しているにもかかわらず、昭和初期から終戦まで地図に描かれることはなかった。

なぜなら、ここには催涙ガスやびらん剤などの毒ガスを製造する陸軍の工場があったからだ。そのため、島ごと地図上から消されたのである。

兵器工場が多かった東京都北区も改描が多かった地域だ。板橋や十条、王子あたりには火薬工場や兵器製造所などがあり、地図で見るとこれらがかなりの面積を占めていることがわかる。

そこで、陸地測量部はこの工場の敷地を住宅地のように描いた。

だが、よく見ると敷地内の道が大通りとつながっていなかったりと、**どこか不自然な地図**になっていた。

アメリカ軍は正しい地図を持っていた

三浦半島の地図もかなり簡素化された。明治時代以降、砲台や弾薬庫、兵器の開発を行った研究所など、さまざまな軍事施設がつくられ日本の最重要軍事拠点となった三浦半島は、半島全体が太平洋戦争末期には本土を守るための要塞となった。

そのため、軍艦をつくるためのドックはもちろん、石油タンク、埠頭の地形、土地の高さを示す等高線まで地図上から消されていたのだ。

このような場所は、**一般人が勝手に写真を撮ったり、スケッチすることさえ厳しく取り締まられていた。**

アメリカ軍がつくった群馬県太田市の詳細な地図。太田市には戦闘機をつくっていた中島飛行場の工場があった。

ところが、これほど極秘裏に偽装を行い、カムフラージュしてきたにもかかわらず、いざ本土が空襲されるとアメリカ軍はピンポイントに全国各地の軍事施設や工場を爆撃してきたのだ。

たくさんの民家がひしめいている下町がどこにあるかも把握していたので、たったひと晩で数十万人が亡くなった東京大空襲も成功させている。

日本がこれほど苦心して行ってきた地図の改ざんだったが、**アメリカ軍にはお見通しだった**。終戦後にわかったことだが、じつは戦争中から正確な日本地図を作製していたというのだ。

そして戦後、連合軍に日本が占領されると、まるで丸裸にされるようにすべての施設や地形が描き加えられていったのだった。

海外向けの宣伝写真誌があった

国内でつくられた海外向けの写真誌

写真を主体にした雑誌であるグラフ誌の中でも、今も語り草になるほどクオリティが高かったのが、戦時下につくられていた『**FRONT**』だ。

日本のトップクラスの写真家やグラフィックデザイナーを集めて制作されただけあって、どのページも画面構成がダイナミックで凝っている。

被写体は日本の陸海軍の兵士や戦闘機、戦艦などだが、それがなんとも格好よく写っているのだ。

それもそのはずで、『FRONT』は**海外に向けたプロパガンダ写真誌**だったのだ。

国の威信にかけて豪華につくられた

『FRONT』の出版元は「東方社」という小さな出版社だったが、じつはこの出版社の背後には**陸軍参謀本部**がいた。

ことのはじまりは、陸軍参謀本部の武官

『FRONT』誌面。写真の配置や組み合わせにも工夫が見られる。

が他国の対外用宣伝雑誌を見たことだった。

なかでも、当時のソビエト連邦が対外宣伝用に刊行していた『ソ連邦建設（USSR in Construction）』というグラフ誌に刺激を受け、日本でも**国威を海外にアピールする雑誌**をつくれないかと考えたのだ。

そこで、陸軍参謀本部と内閣情報部の後ろ盾で設立されたのが東方社だった。

東方社には**豊富な資金**が調達され、あらゆる物資が不足していた当時の日本では考えられないほど贅沢な資材を使って『FRONT』の制作は進められていった。

また、この頃の資材はほとんどが軍需優先となっていて政府の統制下にあったが、東方社は**軍の特需扱い**で高級な用紙や印刷用のインキなどをまかなえたことも大きかった。

こうした後ろ盾のおかげで、『FRONT』

は、紙も印刷も高品質でレベルの高い仕上がりにすることができたのだ。
　そもそもが「日本にはまだこんなに国力がある」「資材も不足していない」ということを友好国や占領国、敵対国に誇示するための雑誌だったため、**貧相な装丁にするわけにはいかなかった**のである。

立派だったが重くて運びづらかった

『FRONT』の創刊号は「海軍号」で、判型がA3判、グラビアは1～2色刷りが基本で、海外用に15か国語に翻訳されたほか国内版も出版された。

　当時、国内での出版物は資材不足や技術者が兵士として出征してしまったことなどから、品質がきわめて劣化していた。

　そのため日本の出版関係者は、上質な紙を使ってみごとな刷り上がりの『FRONT』を見て、**「今どき、こんな雑誌ができるのか」と驚愕した**という。

　また、『FRONT』は富国強兵を海外にアピールするための雑誌だったが、日本の実情はかなり切迫していたことからウソの写真がどうしても多くなった。

　たとえば、南洋上空で飛行する零戦の写真は、沖縄上空の写真と零戦のミニチュアモデルの写真を合成したものだったが、この写真を見た軍の参謀はまんまと騙されて「戦地の零戦を撮影するとは！」と怒るほど、**緻密な合成**だったという。

　このように国内では驚きをもって読まれた

左:『FRONT』７号・落下傘編より。誌面を上下に分けて、下の部分だけが開いて変わるしくみになっている。
下:同誌より、下の部分だけが変わって、無事落下傘が着陸した格好になったところ。

『ＦＲＯＮＴ』だったが、当初の目的のとおり**海外での宣伝用として流布させせるのはなかなか難しかった**ようだ。

なぜなら『ＦＲＯＮＴ』が創刊した１９４２（昭和17）年には、すでにヨーロッパでも戦火が拡大していて、海外で広く普及させるにはルートが少なかったからだ。

また、アジアの占領国ではいくらきれいごとを書き連ねても、日本軍の宣伝要素が強い雑誌はもはや受け入れてもらえなかった。

豪勢につくったことも裏目に出た。Ａ３判の**大きな判型で、上質な紙を使っていて重かった**ことから運ぶのが困難だったのだ。

とはいえ、『ＦＲＯＮＴ』は連合国の首脳レベルまで届いていたようで、のちの東京大空襲で製本直前の刷本が焼失するまで計10冊がつくられたのだった。

中止になった東京オリンピック

1940年の幻のオリンピック

東京オリンピックといえば、2020（平成32）年に開催予定の大会や、1964（昭和39）年の大会を思い浮かべる人が多いにちがいない。

ところが、これらに先駆けて戦時中の**1940（昭和15）年に東京でオリンピックが開催される予定だった**のをご存じだろうか。

じつは、1936（昭和11）年の国際オリンピック委員会で、東京は招致に成功していたのである。

最初にオリンピックを東京へ招致しようという声をあげたのは、当時の東京市（現東京23区）の市長らだった。

関東大震災による甚大な被害から復興した東京市でオリンピックを開きたいと招致に向けて動き出したのだ。

1940年大会の開催地として立候補したのは、ローマやヘルシンキなど10都市だったが、それらの大都市との激戦を制し、東京は開催地の座を手に入れたのである。

招致成功の裏では、イタリアの首相ムッソリーニやドイツの独裁者ヒトラーとの緊迫し

五輪旗がかかげられた1936年の東京の街並み

た駆け引きなどもあり、苦労の末に漕ぎつけた東京オリンピックの開催だった。

東京開催の決定を喜んだ人々

オリンピックの開催地が東京に決定したという知らせはまたたく間に日本中を駆け巡り、国民は歓喜に沸いた。

新聞各紙は大きな見出しで「勝った！　日本晴だ、明治神宮に御礼参拝」とか**「おお今ぞオリムピックは我らの手に！」**などと、このビッグニュースを伝えている。

東京市では3日間も祝賀祭が行われ、花火が打ち上げられたり音楽会が開催されたりしたほどだった。

この頃はまだアジアでオリンピックが開かれたことが一度もなく、有色人種の国での開催も前例がなかった。

アジア初のオリンピックが日本で開催されるということに国民も誇りを感じ、お祝いムード一色に包まれていたのである。

戦争のため中止になる

しかし、こうした東京オリンピック開催決定の喜びは束の間だった。

決定からわずか1年後、日本は中国との戦争に突入し、太平洋戦争へと突き進んでいくことになった。

これにより、東京での開催はまもなく**中止を余儀なくされた**のである。

日中戦争の勃発によって、東京オリンピックの開催成功のために必要な日本政府からの財政的な援助は得られなくなり、メインスタジアムなどの競技場を建設するための鉄材なども調達が困難になった。

また、軍部は「たかがスポーツの大会」くらいに思っていたため、馬術競技に代表選手として参加が決定していた陸軍の将校らは、戦火拡大を理由にオリンピックへの準備の中止を余儀なくされている。

さらには、オリンピックを交戦国の日本で開けるのかという世界各国からの不信感が強まっていき、**東京大会ボイコットの動き**にもつながっていく。

結局、この時の東京オリンピックは返上せざるを得ず、幻に終わったのである。

中止になった1940年東京オリンピックのポスター（左）とシンボルマーク（上）。下は五輪旗をつくる人々。（1936年）

国民は落胆したものの、戦争が長期化することへの懸念のほうが強く、オリンピックに対するかつての熱気はすでになかった。

その後、東京オリンピックに出場してメダル獲得を期待されていた選手の中には戦地におもむいて戦死した人も出た。

また、オリンピック開催に向けてテレビ放送の実用化を進めていた研究スタッフには、レーダーなど電波兵器の開発をさせられた人もいたという。

じつは、１９６４年に開催された東京オリンピックは、前回の無念を晴らすリベンジの大会でもあったのだ。

１９４０年の開催のために着工していた埼玉県の戸田漕艇場はそのまま完成し、１９６４年の東京大会のボート競技で使用され、今もボートコースとして活用されている。

海外で日本のために動いた日本人

「諜報の神様」と呼ばれた人物

戦争中、日本のため、そして和平のために懸命に動いた日本人は、日本国内だけでなく海外にもいた。

そのうちのひとりが、当時スウェーデン駐在武官だった**小野寺信**《まこと》大佐である。

彼は連合国から「ヨーロッパ日本人スパイ網の親玉」と恐れられる一方、ソ連の侵略で祖国を奪われたポーランド人などのスパイ仲間からは**「諜報の神様」**と慕われた人物だ。

たとえば、小野寺は日米開戦前に日本の参謀本部に宛てて**「日米開戦絶対に不可なり」**など、アメリカとの開戦を反対する30通以上の電報を送っている。

これは、小野寺が独自のルートからヨーロッパの戦局においてドイツが劣勢だという情報を入手していたからだ。

当時、日米が開戦するにあたってヨーロッパの情勢はとても重要だった。

同盟国であるドイツの戦況は、日本がアメリカと開戦するかどうかを判断する貴重な材料だったのだ。

独ソ戦でドイツ不利の情報を得た小野寺は、

スウェーデンの日本公使公邸で撮影された小野寺信（中央）（1945年）

このまま日本がアメリカと開戦しても敗北が濃厚だと考えて何通もの電報を送ったが、この情報は**無視された**。
参謀本部はナチスドイツからのドイツ優勢という情報を鵜呑みにして、アメリカとの開戦に踏み切ってしまったのである。

無視された情報

開戦後も小野寺は諜報活動を続け、妻にも手伝ってもらって暗号の電報を発信するなど、日本のための情報収集に尽力した。

いつ敵に暗号書が盗まれるかわからないため、外出時は手分けして暗号書を身につけて外出したといい、妻が着物の帯の中に隠していたこともあったという。まさに**スパイ映画さながらの生活**だったのだ。

やがて、小野寺の指摘通りにヨーロッパ戦線ではドイツの敗北が決定的となり、日米の戦争も日本の敗戦が濃厚になっていく。

敗戦を間近にした頃、小野寺はヤルタ会談の内容について、またしても重要な情報を入手している。

ヤルタ会談とは、当時のアメリカ、イギリス、ソ連の首脳がドイツや日本の戦後処理について取り決めをした会談だ。

この会談で、ソ連はドイツが降伏した3カ月後に日ソ中立条約を破棄して対日参戦するという密約を取りつけている。小野寺はこの密約をいち早く入手したのだ。

「ソ連が参戦すれば日本は壊滅的な打撃を受けてしまう」と危惧した小野寺は、この情報を参謀本部に送って和平への道筋を探ったが、またもや小野寺の情報は無視された。

日ソ中立条約を信じきっていた日本は、和平工作をソ連に依頼するという無駄な努力をしたうえに裏切られ、侵攻を許してしまったのである。

小野寺の働きもむなしく、ソ連の侵攻によってシベリアに抑留された日本人将校は数十万人にもなり、苛烈な強制労働で多くの命が失われたのだった。

日本に逃れてきたユダヤ人たち

海外で和平のために尽力した日本人としては、もうひとり**杉原千《ち》畝《うね》**が有名だ。

左:杉原千畝
下:神戸猶太協會と思われる建物（『朝日新聞の秘蔵写真が語る戦争』より引用・河野徹氏撮影）

杉原は、リトアニアの首都カウナスの領事館に領事代理として赴任していた。

彼は、ナチスのユダヤ人狩りから逃れるため日本を通過するビザを欲しがっていたユダヤ人にビザを発行し続けたのである。

これは同盟国ドイツへの配慮から「ユダヤ人にビザを発行するな」という外務省の命令を無視した**杉原個人の判断**だった。

カウナスの領事館が閉鎖される日まで杉原はビザを発行し、彼のビザによって命を救われたユダヤ人は6000人にものぼる。

こうして日本に逃れてきたユダヤ人たちは一時的に神戸に滞在し、神戸には**「ユダヤ難民の街」が生まれた**ほどだ。

政府はドイツを気にしてユダヤ人に冷淡だったが、庶民にはユダヤ人を支援する人も多く、温かい交流が生まれていたという。

天皇家のための防空壕「御文庫」

コンクリート製の防空壕

日本本土への空襲が激しくなり、国民が防空壕へ逃げ込んでいる時、**昭和天皇**もまた防空壕への避難を余儀なくされていた。

もちろん、一般の人々が身を隠していた穴のような防空壕とはまったく違う。

昭和天皇や香淳皇后が避難した**「御文庫《おぶんこ》附属庫」**は、約631・5平方メートルの広さの**鉄筋コンクリート製の防空壕**だ。

皇居の吹上御苑の中にあり、昭和天皇と香淳皇后の住まいだった防空施設「御文庫」と約135メートルの地下通路で結ばれていた。

空襲があった時にはこの地下通路を通って、御文庫から御文庫附属庫へと移動していたのである。

大きな決断の舞台となる

御文庫附属庫の内部で一番大きな部屋は、約60平方メートルの会議室だ。

この会議室で1945（昭和20）年8月10

現在の御文庫附属庫の様子。左上：廊下の鉄扉　左下：会議室　右上：御文庫附属庫の東側の出入口　右下：右上の出入口からの通路（出典：宮内庁ホームページ）

日に**ポツダム宣言受諾の御聖断**が下され、14日には**最後の御前会議**が開かれた。

また、会議室の隣には事務室が2部屋あり、南側が天皇の御休所として使われていた。

国民に終戦を告げた玉音放送は事前に録音されてラジオで流されたが、終戦の日、放送の時間になると天皇は会議室で行われていた会議を中断し、この御休所に移ってみずからも玉音放送をお聴きになったという。

そのほか御文庫附属庫には、機械室や通信室、会議室の前室などがあり、それぞれの部屋につけられた鉄製の扉は厚さ約30センチメートルにもなる頑丈なものだった。

しかし、御文庫附属庫は戦後に使われなくなってから激しく劣化し、**今は廃墟となっている**。御文庫との地下通路も戦後まもなく埋められてしまった。

【参考文献】

『絵で読む　大日本帝国の子どもたち』（久保井規夫／柘植書房新社）『写説　戦時下の子どもたち』（序文・児玉清、解説・水島吉隆、太平洋戦争研究会編／ビジネス社）『日米決戦下の格差と平等　銃後信州の食糧・疎開』（板垣邦子／吉川弘文館）『語り継ぐ戦争の記憶』（日本婦人有権者同盟／アーバンプロ出版センター）『今こそ伝えたい　子どもたちの戦中・戦後』（野崎耕二／日貿出版社）『日本の戦時下ジョーク集　太平洋戦争篇』（早坂隆／中央公論新社）『語りつぐ　戦中・戦後（1）（2）』（歴史教育者協議会編／労働旬報社）『朝日新聞の秘蔵写真が語る戦争』（朝日新聞社「写真が語る戦争」取材班／朝日新聞出版）『国民学校の子どもたち―戦時下の「神の国」教育』（坪内廣清／彩流社）『絵日記にみる「少国民」昭子』（宮田玲子／草の根出版会）『決戦下のユートピア』（荒俣宏、文藝春秋）『飢餓との闘い　買い出し体験の記録』（創価学会青年部反戦出版委員会／第三文明社）『欲しがりません勝つまでは　金属の供出と代用品』（みんな新聞社）『千の証言　あの戦争を人々はどう生きたのか』（毎日新聞「千の証言」取材班／毎日新聞出版）『戦争のグラフィズム『FRONT』を創った人々』（多川精一／平凡社）『暮らしの中の太平洋戦争』（山中恒／岩波書店）『学歴・階級・軍隊』（高田理恵子／中央公論新社）『戦場に舞ったビラ　伝単で読み直す太平洋戦争』（一ノ瀬俊也／講談社）『かもがわブックレット63　学徒出陣―〝わだつみ世代〟の伝言』（岩井忠熊／かもがわ出版）『東京が燃えた日』（早乙女勝元／岩波書店）『目でみる戦争とくらし百科3　うばわれた平和なくらし』（早乙女勝元監修／日本図書センター）『プロパガンダ・ポスターにみる日本の戦争』（田島奈都子編著、勉誠出版）『目でみる戦争とくらし百科4　空襲と空腹の日々』（早乙女勝元監修／日本図書センター）『資料が語る戦時下の暮らし　太平洋戦争下の日本：昭和16年～20年』（羽島知之編著／麻布プロデュース）『少国民たちの戦争―日記でたどる戦中・戦後』（志村建世／社会批評社）『あの戦争　太平洋戦争全記録　中』（産經新聞社編／集英社）『シリーズ戦争遺跡　第1巻　学校・地域に残る戦争のつめあと』（岩脇彰、東海林次男編／汐文社）『語り伝える東京大空襲　第2巻　はじめて米軍機が頭上に』（早乙女勝元監修、東京大空襲・戦災資料センター編／新日本出版社）『平和を考える戦争遺物　第1巻　子どもたちと戦争』（岩脇彰編／汐文社）『平和を考える戦争遺物　第2巻　ある兵士の歩み』（東海林次男編／汐文社）『平和を考える戦争遺物　第3巻　女たちの戦争』（本庄豊編／汐文社）『綜合武術　格闘技―幻の遺稿』（塩谷宗雄／塩谷宗雄遺稿刊行会）『日本の遺跡と遺産7　戦争遺跡』（矢部慎一／岩崎書店）『東京空襲下の生活日録　「銃後」が戦場化した10ヵ月』（早乙女勝元／東京新聞）『図解入門業界研究　最新保険業界の動向とカラクリがよ～くわかる本』（木本紘・有地智枝子／秀和システム）『幻の東京オリンピック』（橋本一夫／日本放送出版協会）『幻の東京オリンピックとその時代　戦時期のスポーツ・都市・身体』（坂上康博、高岡裕之編著／青弓社）『日本の軍歌　国民的音楽の歴史』（辻田真佐憲／幻冬舎）『徹底検証・日本の軍歌―戦争の時代と音楽』（小村公次／学習の友社）『新版　写真のワナ』（新藤健一／情報センター出版局）『愛国百人一首』（川田順／河出書房新社）『週刊朝日２０１５年８月14日号』（朝日新聞出版）『武器・兵器でわかる太平洋戦争』（太平洋戦争研究会編著／日本文芸社）『知られざる戦没船の記録　上巻　激戦の海での特攻船団』（戦没船を記録する会編／柘植書房）『「諜報の神様」と呼ばれた男　連合国が恐れた情報士官・小野寺信の流儀』（岡部伸／ＰＨＰ研究所）『バルト海のほとりにて』（小野寺百合子／朝日新聞社）『杉原千畝物語　命のビザをありがとう』（杉原幸子・杉原弘樹／金の星社）『発見！　ニッポン子ども文化大百科②大正・昭和前期』（上笙一郎監修／日本図書センター）『決まり・ならわし　暮らしのルール！』（本木洋子／玉川大学出版部）『あのころ　そのとき―国策に絡め捕られて―』（むさしの市女性史の会編／むさしの市女性史の会）『戦争とくらしの事典』（戦争とくらしの事典編纂室編／ポプラ社）『宣伝謀略ビラで読む、日中・太平洋戦争　空を舞う紙の爆弾「伝単」図録』（一之瀬俊也／柏書房）『地図で読む戦争の時代　描かれた日本、描かれなかった日本』（今尾恵介／白水社）『昭和特高弾圧史５―庶民にたいする弾圧　全』（明石博隆・松浦総三編／太平出版社）、読売新聞、夕刊フジ、ほか

【参考ホームページ】

ＮＨＫ、ＮＨＫアーカイブス、帝国書院、スポニチ、毎日新聞、西日本新聞、東京新聞、朝日新聞デジタル、ハフィントンポスト、国立保健医療科学院、国立公文書館、厚生労働省、アジア歴史資料センター、晶文社、法政大学、科学技術のアネクドート、神田雑学大学定例講座　№２７０、大阪ガス、国技館と共に歩んだ近代都市、幻冬舎プラス、探検コム、阪神タイガース公式ＨＰ、ポーラ文化研究所、All About、WIZ BIZ、写真週報.com、月刊お好み書き、ほか

牛乳石鹸　http://www.cow-soap.co.jp/web/event/cowsoap-history/history03/

あの日あの時　http://www.jrt.co.jp/radio/natsumero/anohi/anohi28-S14.htm

昭和からの贈り物　http://syowakara.com/06syowaD/06history/historyS13.htm

インターネットミュージアムhttp://www.museum.or.jp/modules/topics/?action=view&id=728

シネマズ　http://cinema.ne.jp/recommend/monotaro2016051111/

キネマ写真館　http://kinema-shashinkan.jp/special_new/-/info/102?PAGE=5&&PHPSESSID=k4gbg2g7lu7ev4ih5tsrsofla4

【写真提供】

カバー写真：右列上「海行く日本ポスター」・左列中央「防空壕」・左列下「砲身の錆止め作業も女性中心」…毎日新聞社提供
右列下「焼け跡のプールで遊ぶ子供」…朝日新聞社提供

戦時中の日本　そのとき日本人は どのように暮らしていたのか？

平成28年12月20日第一刷

編者　歴史ミステリー研究会

製作　新井イッセー事務所

発行人　山田有司

発行所　株式会社彩図社
東京都豊島区南大塚3-24-4
MTビル〒170-0005
TEL　03-5985-8213　FAX：03-5985-8224

印刷所　新灯印刷株式会社

URL　http://www.saiz.co.jp
https://twitter.com/saiz_sha

 ISBN978-4-8013-0192-4 C0021